Hermann Bahr

Die häusliche Frau - ein Lustspiel

Hermann Bahr

Die häusliche Frau - ein Lustspiel

ISBN/EAN: 9783743463158

Hergestellt in Europa, USA, Kanada, Australien, Japan

Cover: Foto ©ninafisch / pixelio.de

Manufactured and distributed by brebook publishing software (www.brebook.com)

Hermann Bahr

Die häusliche Frau - ein Lustspiel

Hermann Bahr.

Die häusliche Frau.

Ein Lustspiel.

„Les eunuques sont en colère permanente contre les libertins."
Stendhal.

Berlin.
S. Fischer, Verlag
1893.

Meinem Verleger und Freunde

S. Fischer.

Kaltenleutgeben bei Wien, September 1892.

Alle Rechte vorbehalten.

Personen.

Rechtsanwalt Gustav Schlieben.
Anna, seine Frau.
Hans Gude, Bildhauer.
Rieke.
Hannsen.
Der Oberkellner.
Der Kellner.
Schreiber.

In Berlin 1890.

Geschrieben vom 3. Februar auf den 10. März 1891 zu Linz a. d. Donau. Zum ersten Mal aufgeführt den 8. Juni 1892 durch Emanuel Reichers Deutsche Gastspielgesellschaft am Berliner Lessing-Theater.

Erster Akt.

Eleganter Salon. Links eine Thür nach der Wohnung; im Hintergrunde eine Thür nach dem Bureau des Rechtsanwalts; rechts eine Thür nach dem Corridor. Links ein Pianino, dessen Rückwand mit alten Teppichen verkleidet ist, daneben ein Notenpult und eine englische Guéridon=Lampe mit großem Schirm von rosa Futter. An der Wand links ein großes Damenporträt. In der Ecke links eine Console mit einem dreiarmigen Leuchter. An der Wand im Hintergrunde, rechts und links von der Thür, japanische Geflechte, in welchen Photographien stecken; daneben Fächerdekoration; davor Blumen, Nippes und Vasen. An der rechten Wand ein französischer Kamin, mit Spiegel und Uhr; darauf eine Lampe mit rothem Schirm; davor ein dreiteiliger Paravent mit Malerei; eine Chaiselongue mit weißem Fell; daneben ein Tischchen. In der Mitte, auf einem schweren Teppich, ein großer runder Tisch mit vier Fauteuils; darauf eine Schale mit Visitkarten; darüber eine schwere Hängelampe. Hinter dem Clavier, unter dem Porträt links, ein kleiner Damenschreibtisch mit allerhand Nippes; daneben ein Arbeitskorb mit Pompons.

Hans: (elegante Erscheinung. Etwa 30 Jahre, kurzgeschorenes schwarzes Haar, kurzer französischer Spitzbart. Monocle, dessen er sich aber nur sehr selten und blos zum Scherze bedient. Man sieht ihm auf den ersten Blick den Künstler und den Lebemann an. Übermütig, ausgelassen, seiner Vorzüge bewußt und ein bißchen eitel, manchmal frech und gesucht dur chlos, aber niemals seine natürliche Gutmütigkeit verleugnend und immer liebenswürdig; er weiß, daß ihm zuletzt doch immer wieder alles verziehen wird. Leichtsinnig und geneigt, alles als Komödie zu behandeln; den augenblicklichen Eindrücken ohne Widerstand ergeben, aber im nächsten Moment schon wieder verwandelt. Indem er über die Bühne hinter das Clavier flüchtet, mit komischem Schreck): Nur nicht gleich hauen, gnädige Frau — ich bin ja doch nicht Ihr Mann.

Anna: (25 Jahre. Klein, sehr schlank und zierlich, etwas katzenartig geschmeidiges und wollüstiges in allen Bewegungen. Die üppigen schwarzen Haare spanisch aufgesteckt. Sehr starke zusammengewachsene Brauen; kleine kohlschwarze, unruhige Augen. Die Stirne schmal und fein, mit durchscheinenden Adern. Das verschmitzte, lüsterne Näschen frech vorspringend mit sehr feinen, zitternden, sensitiven Flügeln. Die Lippen voll, breit und sinnlich, in Disharmonie mit der oberen Partie des Gesichtes. Sehr lebhaft, rasch, unstet, veränderlich und launisch. Gutmütig und leichtsinnig, aber mit einer Neigung, die Krallen zu zeigen. In eleganter Strassentoilette aus der Thüre im Hintergrunde hereinstürmend, mit Zeichen großen Aergers; indem sie sehr nervös Hut, Muff, Handschuhe, Schirm und Mantel, heftig daran zausend, der Reihe nach auf das Piano wirft) Ah, ah! — aber nun habe ich's satt! Sonst fehlte nichts mehr! Aber jetzt sollt ihr mich kennen lernen! O — o, ihr sollt euch wundern!

Hans: (in komischer Verzweiflung) Und alles nur um Bülow willen! (mit pathetischen Seufzern, während er die Kleidungsstücke der Reihe nach mit einer dienstfertigen Verbeugung auffängt) O Bülow — Bülow — Bülow!

Anna: (indem sie sich in einen Fauteuil wirft und melancholisch das Haupt aufstützt) Ach, ich bin sehr unglücklich!

Hans: (nachdem er die Gegenstände sorgfältig auf das Piano gelegt, sich in den Fauteuil ihr gegenüber setzend und ihre Haltung kopirend, mit komischem Pathos) Niemand der mich verstände, niemand der mit mir fühlte, niemand der mich wahrhaft liebte — ach, ich bin sehr unglücklich! (plötzlich in seinem gewöhnlichen blaguirenden Ton) ich muß das schon irgendwo gelesen haben. Blos — sechs Monate nach der Hochzeit bereits — das heißt prompt gearbeitet. Alle Achtung!

Anna: (ärgerlich und nervös, indem sie aufsteht und nach dem Spiegel geht, um ihre Frisur zu ordnen) Mit Ihnen ist ja überhaupt nicht zu reden. Sie sind keine seriöse Natur. Darum werden wir uns niemals verstehen.

Hans: (steht ihr eine Weile belustigt nach, steht dann gleichfalls auf, folgt ihr zum Spiegel und sieht sie mit einem treuherzig fragenden Blicke an, indem er sich über ihre Schulter beugt) Was bin ich nicht? Keine —

Anna: (indem sie sich ein wenig zurückbeugt, um mißtrauisch in seinen Augen zu lesen; unsicher) Keine seriöse — (sie muß über das scheinheilige Gesicht, das er schneidet, unwillkürlich laut auflachen; beide lachen).

Anna: (nach einer Pause, während welcher sie nach vorne gegangen ist und sich wieder niedergesetzt hat) Und mit solchen Menschen soll man leben. Mit dem einen (sie deutet nach dem Bureau) ist überhaupt nicht mehr zu reden — (sehr heftig, indem sie sich immer mehr in Wut redet) der hat in einem fort zu thun:

Kontrakte und Prozesse und lauter hochwichtige Akten — natürlich, alles ist wichtiger als ich und es wird nicht ins Konzert gegangen, weil — weil er zu thun hat. Und damit Punktum. Nach mir wird überhaupt nicht mehr gefragt. Es ist wahrhaftig nicht länger zu ertragen.

Hans: (hinter dem Tisch in der Mitte mit einer theatralischen Verschwörer-Geberde) Machen wir ein Ende!

Anna: (unmuthig) Ach Sie! — Sie sind überhaupt zu gar nichts!

Hans: (wie oben, noch lauter) Machen wir ein Ende!

Anna: Ja, wie denn? — schlagen Sie was Vernünftiges vor!

Hans: Sehr einfach — gehen Sie durch mit mir!

Anna: (geringschätzig, indem sie sich in den Fauteuil zurücklehnt) Ah, gar so was alltägliches! Fällt Ihnen denn gar nichts originelles ein?

Hans: Lieben Sie Ihren Gatten — das war noch nicht da.

Anna: (mit einer wütenden Geberde nach dem Bureau) Jawohl! — da schon noch eher —

Hans: Also gehen wir durch! (er will ihr den Arm reichen).

Anna: (indem sie ihm einen Klaps giebt und eine ärgerliche Bewegung macht; nach einer kleinen Pause) Obwohl — ich glaube, Sie würden einen vortrefflichen Ehemann geben.

Hans: Gar so grob brauchen Sie nun nicht gleich zu werden.

Anna: Denn das ist endlich die Hauptsache: der Mann darf nichts zu thun haben.

Hans: (mit trockenem Humor) Danke.

Anna: Sonst werden so elende Geschöpfe daraus wie ich. Zum Beispiel die Martha — wissen Sie von der großen Maschinenfabrik in Charlottenburg — das wäre eine ausgezeichnete Partie für Sie.

Hans: Haben Sie wirklich kein anderes Opfer mehr?

Anna: (ärgerlich, hartnäckig) Oh, machen Sie doch keine langen Geschichten! Was wollen Sie denn überhaupt? Sie werden schon sehen, wie Ihnen das gut thut.

Hans: (mit gespielter Schüchternheit) Ich möchte doch vielleicht lieber noch ein bischen warten.

Anna: (kategorisch, unnachgiebig) Ach was! Sie sind jetzt gerade in dem richtigen Alter und Geld haben Sie auch und sie hat auch Geld — na, und ausgetobt haben Sie sich, glaube ich, auch gerade genug — ich sehe gar nicht ein, was Sie noch warten wollen.

Hans: Ich möchte nur wenigstens geschwind noch einmal nach Hause — mich umziehen.

Anna: (mit einer ärgerlichen Bewegung) Ah!

Hans: (immer den schüchternen spielend) Und dann — ich fürchte, ich fürchte, ich habe kein rechtes Talent zur Ehe.

Anna: Talent — Talent — was braucht man da viel Talent?

Hans: Ja, sehen Sie, das ist eine merkwürdige Geschichte. Die einen, die man mit ruhigem Gewissen unbesorgt heiraten könnte — um Gotteswillen! (er macht eine Geberde des Entsetzens) diese gewissen lieben, guten, braven Mädchen, die dann die musterhaften Frauen werden — das sind solche Schafe — (da Anna lächelt, sehr ernsthaft) glauben Sie mir!

Anna: (indem sie amüsiert lächelt) Na, und die andern —

Hans: Die andern — ja, die andern! Mein Gott, die möchte man ja recht gern, aber es geht wirklich nicht, man kann es nicht riskiren. Denn wissen Sie, dazu gehört wieder Stirne, viel Stirne (er macht eine Geberde des Gehörntwerdens)

Anna: (indem sie aufsteht und dicht an ihn herantritt, herausfordernd) Sagen Sie mir einmal, verehrter Herr, gehöre ich mehr zu den Schafen oder mehr zu denen — zu denen mit Stirne?

Hans: (sich mit schalkhafter Höflichkeit tief vor ihr verbeugend) Ich will mich nach Kräften bemühen, Sie vor den Schafen zu bewahren.

Anna: (sieht ihn einen Moment scharf an, rümpft dann die Nase, als ob sie den Scherz nicht nach ihrem Geschmack fände, und wendet ihm kurz den Rücken. Sie ergreift die Klingel auf dem Tische und schellt, setzt sich wieder, nimmt eines der illustrirten Journale, die auf dem Tische liegen, und blättert darin herum. Mit einem völlig gleichgiltigen Tone) Es ist immer noch recht kalt draußen.

Hans: (indem er eine gesucht steife und gespreizte Haltung annimmt, sie karrikirend) Aber es könnte sein, daß es vielleicht auch wieder wärmer würde. Zwar erzählt man mir, daß das Thermometer gesunken sei, doch wird gleichzeitig versichert, daß es schon wieder steigen werde.

Anna: (will heftig etwas erwidern, wird aber durch das Eintreten des Dienstmädchens verhindert. Sie beißt sich ärgerlich auf die Lippen).

Rieke: (Durch die Thüre links. 22 Jahre, groß, blond, mit starken Zügen. Unverfälschter Berliner Typus; schlagfertig, schnoddrig, rasch. Viel Aplomb und pince-sans-rire. Man sieht ihr an, daß sie gelegentlich kleine Abenteuer nicht verschmäht. Schürze und Häubchen. Gnädige Frau!

Anna: (indem sie auf die Sachen auf dem Pianino deutet) Räumen Sie das weg.

Rieke: (räumt die Sachen zusammen, indem sie Hans hinter dem Rücken Anna's Zeichen macht und ihm irgend etwas heimlich sagen will). Jawohl, gnädige Frau.

Anna: (das Gespräch mit Hans fortsetzend) Sind Sie die letzte Zeit oft im Theater gewesen?

Hans: (immer den Konversationston karrikirend) Gewiß, meine Gnädige! Das versäume ich nie, denn es bildet den Menschen doch sehr. Es giebt Theater, in denen wird gespielt, und dann giebt es andere, in denen wird auch gesungen; aber am liebsten sind mir doch die, in denen sogar getanzt wird.

Anna: (ihren Ärger an Rieke auslassend, welche sich noch immer zu schaffen macht, um heimlich an Hans heranzukommen) Auf was warten Sie denn eigentlich noch?

Rieke: (giebt ihre vergeblichen Versuche auf und geht mit einem verdrossenen Gesichte links ab).

Anna: (sobald Rieke draußen ist, ärgerlich aufspringend) Sie sind heute wieder einmal ganz abscheulich, unausstehlich!

Hans: Ja, erlauben Sie mir! Wie ich Miene mache, liebenswürdig zu werden, rufen Sie das Dienstmädchen herein. Da vergeht einem am Ende natürlich die Lust.

Anna: Ach was, es giebt liebenswürdig und liebenswürdig!

Hans: Ja — wenn man's so macht, rufen Sie das Dienstmädchen, und wenn man's anders macht — oh oh! (er macht eine Geberde des Hauens und hält sich die linke Wange; vorwurfsvoll, schmerzlich) Damals im Tiergarten.

Anna: (lachend) Nein, aber wenn Sie auch wüßten — das dumme Gesicht, das Sie damals gemacht haben — (sie lacht noch heftiger).

Hans: (indem er die Geberde des Hauens wiederholt) Na wissen Sie, gnädige Frau — es giebt Situationen, in denen das gescheiteste Gesicht aufhört gescheit zu sein.

Anna: (noch immer lachend) Ja, wenn Sie damals nicht ein so entsetzlich dummes Gesicht —

Hans: (aus der Fassung gebracht, verblüfft) Wenn ich kein so dummes — ah, wenn ich damals kein so dummes Gesicht gemacht hätte, — dann — dann —

Anna: (kokett, indem sie leichthin mit den Fingern schnalzt) Dann — ja — wer weiß? Wer kann das wissen?

Hans: (sehr lebhaft, indem er aufspringt, sich ihr nähert und ihre Hände ergreifen will) Ach Anna, Anna —

Anna: (indem sie ihm mit einer geschickten Wendung graziös ausweicht und nach der Klingel greift) Soll ich denn schon wieder — haben Sie doch etwas Mitlied mit dem armen Mädchen!

Hans: (sieht sie mit einem verdutzten Blicke an und setzt sich dann mit einer kläglichen Geberde wieder nieder. Vorwurfsvoll, pathetisch) Ach — Falschheit, dein Name ist Weib.

Anna: (überlegen, lehrhaft) Sie sind doch eigentlich ein schrecklich ungeschickter Mensch. Entweder sind Sie ganz langweilig oder Sie sind gleich wieder so — so — na, Sie wissen schon! Eine behagliche und vernünftige Mitte zwischen den Extremen —

Hans (mißtrauisch): Ja — wie denken Sie sich das eigentlich?

Anna (nachdenklich): Na, so — wie soll ich das sagen — so ein Bischen schon über das Erlaubte, aber doch noch nicht ganz — so dazwischen, so daß alles mögliche daraus werden kann, aber es bleibt vor der Hand noch unentschieden. (Mit einer sentimentalen Geberde) Das wäre mein Ideal!

Hans (nachdenklich): So dazwischen — und doch noch nicht ganz —

Anna: Aber doch schon beinahe.

Hans: Es ist was richtiges daran — aber dazu — (plötzlich mit einer raschen Wendung, sehr ernsthaft) Wissen Sie was ich möchte?

Anna: (zweifelhaft zu ihm emporsehend, da sie seinem Ernste nicht recht traut.) Gewiß wieder was recht schlechtes.

Hans: O nein.

Anna: Na na!

Hans: Ich möchte — mit Ihnen — (gemütlich) Sie dürfen aber nicht bös werden.

Anna (ärgerlich vor Neugierde): Nein nein — aber sagen Sie es nur endlich!

Hans: Gewiß nicht?

Anna: Nein doch! aber — (sie klopft nervös mit den Fingern auf den Tisch.)

Hans (immer langsamer, um sie zu ärgern): Schwören?

Anna (in komischer Verzweiflung, indem sie die Hand zum Schwur erhebt, feierlich): Ja, ja, ja — aber zum Donner —

Hans (feierlich und frech): Ich möchte — mit Ihnen — ein Verhältnis gehabt haben. Das ist es.

Anna (sieht ihn einen Augenblick ganz verdutzt an, während er sich an ihrer Verblüffung weidet, und sagt dann, indem sie empört den Kopf zurückwirft, mit naiver Entrüstung): Aber warum denn gehabt haben? Das ist doch schon ganz raffiniert abscheulich.

Hans: Weil — sehen Sie — wir würden uns dann viel leichter reden — und der ganze Verkehr wäre viel netter. So liegt immer dieses dazwischen — Sie wissen schon! Man kommt zu keiner vernünftigen und ersprießlichen Diskussion. Dagegen wenn wir das erst einmal hinter uns haben —

Anna: Ja freilich, das kennt man schon —

Hans (unverschämt): Woher denn, liebe Anna?

Anna (nachdem sie ihn einen Moment verblüfft angesehen, wütend): Ich werde wirklich wieder klingeln müssen.

Hans (mit unerschütterlicher Ruhe): Sehen Sie, alle diese Geschichten, diese übertriebene Reizbarkeit, diese fortwährende Nervosität — das alles wäre dann vorbei. Es ist wirklich ein ungesunder und unhaltbarer Zustand — glauben Sie mir! Und wenn wir uns auch noch so lange damit herumschlagen, es wird uns am Ende —

Anna (wütend): Sie sind wirklich vollständig verrückt! Wissen Sie sich denn wirklich gar nichts Gescheiteres —

Hans (immer mit derselben Ruhe): Später — nachher. Wahrhaftig — Sie können sich gar nicht vorstellen, was für gescheite Dinge wir dann treiben werden! Jetzt ist die Gescheitheit sozusagen im gebundenen Zustande: sie kann nicht heraus. Lösen Sie ihr die Ketten, machen Sie sie frei, liebe Anna —

Anna: Ich bin nicht Ihre liebe Anna — und wenn Sie noch lange so fortfahren, werd' ich gleich sehr unlieb werden.

Hans (unerschütterlich): Und dann: Sie sind es mir ja auch geradezu schuldig. Sie müssen doch eine gewisse Rücksicht auf mich nehmen. Was sollen denn die Leute eigentlich von mir denken? Man sieht mich immer mit Ihnen, ich verkehre hier täglich, alle Welt kennt meine Freundschaft mit Gustav, ja, wie stehe ich denn am Ende vor den Leuten da? Es bringt mich noch um meinen ganzen Ruf.

Anna (indem sie lachend aufsteht und beide Hände auf seine Schultern legt, kokett zu ihm emporblickend): Armes, beklagenswertes Opfer! ich könnte wirklich fast Mitleid haben.

Hans: Wann?

Anna (indem sie sich von ihm losmacht und wieder zum Tische geht, kokett): Das — das muß ich mir erst noch überlegen.

Hans (frech): Aber nur nicht zu lange, möchte ich bitten. Das kann ich ich nicht brauchen. (Da sie belustigt auflacht): Ja ja — Sie dürfen die Sache überhaupt nicht so leicht nehmen. Das war heute die vierte Erklärung. Mehr als fünf mache ich überhaupt nicht, prinzipiell nicht. Ich sage Ihnen das blos, damit Sie nachher nicht weinen.

Anna (indem sie plötzlich eine gelangweilte und abgespannte Miene annimmt): Ach, das wird jetzt auch schon langweilig! Immer nur diesen einen Witz (gähnend) alle Tage! Könnten Sie nicht einmal eine neue Walze einlegen?

Hans: Ich bin doch nicht dazu da, um Ihnen einen Narren vorzumachen. Wozu haben Sie denn Ihren Mann?

Anna (indem sie einen entrüsteten Blick nach dem Büreau sendet): Jawohl — der —

Hans (indem er sie lustig von der Seite ansieht): Sie scheinen heute wieder einmal —

Anna (losbrechend): Weil es auch wahr ist! Wenn ich mich nicht einmal mehr amüsieren soll — (drohend) Aber er irrt sich! er soll mich erst kennen lernen! Die Zeiten sind vorüber, Gott sei Dank! wo sich die Frau jedes Verbrechen an ihrem Glücke ruhig gefallen ließ, und die Stunde der Erlösung hat auch für die Frau geschlagen —

Hans (ironisch ihre Tirade beendigend): Gott sei Dank!

Anna: Ja, spotten Sie nur! Ihr werdet noch ganz merkwürdige Dinge erleben — nächstens. (Sehr wichtig.) Ich habe da ein Buch gelesen: es geht allerhand vor — in Europa —

Hans (indem er sich über sie lustig macht): Ah, wirklich? Geht etwas vor — in Europa?

Anna: Und es ist ja auch kein Wunder, wenn man zuletzt den Verstand verliert — (mit einer Geste nach dem Büreau.) Bei dieser Behandlung! Ein Vergnügen muß der Mensch haben.

Hans: Aber was brauchen Sie denn dazu immer blos ihn? Halten Sie sich doch an mich! Gehen Sie mit mir in's Bülow-Konzert —

Anna (sich vergessend, sehr rasch): Ja, damit —! (Sie hält überrascht inne und blickt verwirrt nieder.) Nein, nein, das —

(ärgerlich, rasch und kurz) Das will ich nicht, kurz und gut — weil — weil ich nicht will.

Hans (mit einem festen, langen, treuherzigen Blick): Weil Sie die liebste, beste und bravste kleine Frau —

Anna (mit erzwungener Leichtfertigkeit, um ihrer Bewegung Herr zu werden): Nun werden Sie mir nur nicht noch sentimental! Das vertrage ich schon gar nicht. — Sie essen doch natürlich mit uns?

Hans (mißtrauisch): Warm?

Anna: Woher denn? Ich wollte ja ins Konzert —

Hans (mit komischem Entsetzen): Kalt? (Er nimmt eiligst Hut und Stock und sagt in tieftragischem Tone): Leben Sie wohl, gnädige Frau!

Anna (indem sie ihn zurückhalten will): Machen Sie keinen Unsinn —

Hans (mit Theaterspielerei): Kalt? Gnädige Frau, verlangen Sie jedes Opfer von mir — gebieten Sie über mein Leben. Aber — kalt! Nein, meine Gnädige, ich kenne diese falschen Hasen.

Anna (lachend, während er den Überrock nimmt): Ach, Hans, seien Sie doch kein Kind — (Sie nimmt die Klingel vom Tische und läutet.)

Hans (in natürlichem Tone, indem er ihr die Hand reicht und sich verabschiedet): Nein, ich kann wirklich nicht, gnädige Frau — wer weiß, wann Gustav fertig wird, und ich habe um 10 —

Anna (zu Rieke, welche durch die Thüre links eintritt): Leuchten Sie! (Zu Hans, indem sie ihm die Hand drückt): Na also — auf Wiedersehen — und recht bald — warm! (Sie sieht ihm lachend nach.)

Hans (schon an der Thüre, wieder in dem früheren Tone): Warm — immer und jederzeit, bis in den Tod! Grüßen Sie Gustav! (Er verbeugt sich noch einmal und geht rechts ab.)

Rieke (hat den Leuchter von der Konsole im Hintergrunde links genommen, macht, während sie anzündet, Hans ein auffälliges Zeichen und geht mit ihm rechts ab.)

Anna (sieht Hans einen Augenblick nach, das Knie auf den Fauteuil gestützt. Dann seufzt sie verdrossen auf, wirft ärgerlich den Kopf zurück und geht unentschlossen langsam durch das Zimmer nach der Thüre links. Dort wendet sie sich plötzlich um und nach dem Pianino, welches sie öffnet, um ohne sich niederzusetzen, das Knie auf dem Sessel davor aufgestützt, mit der linken

Hand einige flüchtige und nachlässige Akkorde zu greifen, welche sie bald wieder unterbricht. Dann wendet sie sich wieder nach dem Tische in der Mitte, wirft sich in den Fauteuil und blättert hastig in den illustrierten Journalen, welche sie mißmutig gleich wieder zuklappt. Sie blickt träumerisch vor sich hin, seufzt, gähnt und zernagt nervös ihr Taschentuch. Plötzlich springt sie auf, eilt nach der Thüre im Hintergrunde, öffnet den einen Flügel, so daß man das Büreau des Rechtsanwalts und diesen an seinem Schreibtische, der parallel zur Thüre am Fenster steht, unter Akten vergraben sieht, und ruft mit großer Entschiedenheit): Gustav!

Gustav (32 Jahre, blond, dick, groß. Sehr helle, gutmütige, wasserblaue Augen hinter einer goldenen Brille. Die Haare pedantisch gescheitelt. Englischer Bart mit ausrasirtem Kinn. Sorgfältige, aber einfache Toilette. Man sieht ihm den Juristen auf 20 Schritte an. In seinem ganzen Wesen ist eine große Gutmütigkeit hinter einer starren Pedanterie, aber auch viel Plumpes und Schwerfälliges, das neben der zarten und gebrechlichen Feinheit und Zierlichkeit Anna's noch grotesker wirkt. Er giebt blos einen knurrenden Ton von sich, der unverständlich bleibt.)

Anna (in der Thüre, indem sie mit der Faust an dem anderen Flügel zu trommeln beginnt, lauter): Gustav!

Gustav: Was ist denn schon wieder? Du siehst doch —

Anna (sehr energisch und herausfordernd): Wie ist denn das eigentlich? soll ich heute verhungern? Gegessen wird wohl in diesem Hause überhaupt nicht mehr?

Gustav (ärgerlich, indem er in seinen Akten wühlt): Ich bitte Dich, liebes Kind, — vor einer Stunde ist gar nicht daran zu denken!

Rieke (kommt langsam durch die Thüre rechts und geht mit schweren mürrischen Schritten nach der Konsole im Hintergrunde links, wohin sie den Leuchter stellt; ärgerlich und verdrossen vor sich hin): Auch ein nettes Pflänzchen, — mein Hans! aber warte blos! (Durch die Thüre links ab.)

Anna (gleichzeitig mit Rieke): Es ist also Dein fester Entschluß, mich verhungern zu lassen!

Gustav (ärgerlich): Aber wenn ich Dir schon sage — Du siehst ja doch —

Anna: Du hättest Dir das vorher überlegen müssen — vor der Hochzeit.

Gustav: (auf die Uhr sehend.) Es ist überhaupt auch erst acht —

Anna: (mit einem bedeutenden Blicke.) Das Conzert fängt gerade an.

Gustav: (kurz) Und es geht einmal nicht anders — ich kann Dir nicht helfen.

2

Anna (schlägt empört die Thüre zu und kommt wütend wieder in den Vordergrund. An dem Tische bleibt sie einen Augenblick ratlos stehen, mit den Geberden eines geärgerten Kindes, zerknüllt ihr Taschentuch und blickt von einem Gegenstand zum anderen herum, wie nach einem Opfer, an dem sie ihre Wut auslaßen könnte. Endlich öffnet sie hastig das Pianino und bricht wütend einen Berliner Gassenhauer, mit absichtlich schriller und kreischender Stimme dazu singend, während sie herausfordernde Blicke nach dem Bureau wirft. Sie irritirt sich selbst durch ihren Gesang; die Stimme wird immer schriller und erhält bald einen heiseren Klang; man merkt wie sie mit den Thränen kämpft. Plötzlich reißt sie mitten im Spiele jäh ab, springt auf, stürzt nach dem Bureau, stößt die Thüre auf und ruft mit zitternder, dem Weinen naher Stimme, in welcher sich Aerger und Zärtlichkeit mischen): So setz Dich aber doch wenigstens heraus — zu mir — (indem sie auf den Tisch in der Mitte deutet.) Da — (plötzlich in lautes Schluchzen ausbrechend.) Es ist ja eine Dummheit von mir — aber ich kann einmal nicht so allein sein; ich vertrage es nicht; es ist zu entsetzlich! (Sie geht, da sie sich ihrer Thränen schämt, an den Tisch in der Mitte und wirft sich heftig schluchzend in den Fauteuil, das Gesicht in den Händen vergrabend.)

Gustav (blickt verwundert von seinen Akten empor und springt, da er ihre fassungslose Aufregung sieht erschreckt auf. An der Thüre blickt er zögernd noch einmal nach seinen Akten zurück und rückt verlegen und ratlos an seiner goldenen Brille. Dann kommt er bis dicht vor sie, wo er den Oberleib vorgebeugt, die Beine breit auseinandergestellt und mit ungeschickten Geberden der Hände vor sich hin in einer täppischen und unbeholfenen Posse stehen bleibt.) Ja aber aber — aber — wer wird denn weinen? was — ja was ist denn nur los? (mit linkischer Zärtlichkeit, während sie wie ein unartiges Kind nur desto heftiger weint.) Schau, liebe gute Annie! schau, sei doch wieder gut! ich will ja — (plötzlich sich seiner Arbeit erinnernd.) Aber Donnerwetter es geht einmal nicht anders! ich muß — (er will sich wieder nach dem Bureau wenden.)

Anna: (vom Sessel aufstehend, in einem ganz anderen, sehr tyrannischen Tone.) Du wirst Dich da heraussetzen! ich will daß Du dich da heraussetzest! es ist keine Laune, sondern ich will sehen, ob Du noch einen Rest von Gefühl für mich hast!

Gustav (indem er sich auf der Schwelle verwundert umkehrt, kopfschüttelnd): Aber das ist ja doch ein Unsinn. Ich bin ja gleich fertig.

Anna (mit falschem Pathos indem sie sich in einen künstlichen Ernst hineinredet).: Gut — dann ist es aber überhaupt aus — überlege es Dir wohl! Wenn ich Dir nicht einmal mehr soviel gelte, ach wie hast Du mich getäuscht!

Gustav (macht eine ungeduldige Bewegung als wollte er heftig erwidern, besinnt sich aber dann, geht achselzuckend in das Bureau und kommt mit einem schweren Pack von Schriften und einem großen Bleistift hinter dem Ohre wieder nach dem Tische in der Mitte. Er stößt die Akten ziemlich unsanft auf den Tisch, stemmt beide Hände dahinter auf und blickt sie eine Weile strenge mit mitleidigen Vorwürfen über ihren Unverstand an, dann setzt er sich nieder, zieht den Bleistift hinter dem Ohr hervor und vertieft sich in seine Arbeit.)

Anna (hat seine Bewegungen aufmerksam verfolgt; wie er ihr nachgiebt, blitzt es in ihrer Miene triumphierend auf; sie beeilt sich aber, ein ernstes und beleidigtes Gesicht zu bewahren und hält seinen strengen Blick mit kalter Würde aus. Erst wie er in seine Arbeit versunken und nicht mehr mit ihr beschäftigt ist, überläßt sie sich wieder ihrem Uebermut. Sie fängt ganz leise an, an seinen Akten zu ziehen und zu zupfen. Wie er es endlich merkt und verwundert aufblickt, bricht sie in ein schallendes Gelächter aus und macht, indem sie in dem Fauteuil aufkniet und die beiden Zeigefinger schelmisch aneinder reibt, eine schadenfrohe Geberde: Kisch Kisch — Kisch! Du hast doch machen müssen was ich will.

Gustav (strenge, pedantisch, indem er sich etwas zurücklehnt): Wenn Du jetzt nicht gleich stille bist und Dich ganz ruhig verhältst, dann geh ich augenblicklich wieder hinein. Mein Wort darauf. Du wirst mich noch ernstlich böse machen. Du bist doch rein wie ein Kind. —

Anna (trotzig, indem sie ihm über den Tisch hinüber mit dem Zeigefinger vor der Nase herumdemonstriert): Oho! Das giebts nicht mehr. Das wird jetzt nicht mehr geduldet, daß man eine Frau wie ein Kind behandelt — wird nicht mehr geduldet mein verehrter Herr! Ich habe darüber erst heute ein Buch gelesen — Mein Gott, wenn man den ganzen Tag allein ist und gar keine Zerstreuung hat, dann liest man eben solche Bücher!

Gustav (schon wieder bei seiner Arbeit, nur halb hinhörend): Was für ein Buch?

Anna (schnippisch): Eben ein Buch von meinen Büchern. Ich frage Dich ja auch nicht nach Deinen Akten; es ist überhaupt besser: jeder lebt für sich, ohne den andern mit seinen Anlegenheiten zu belästigen. Das ist viel bequemer und vornehm ist es auch.

Gustav (philiströs): Ich habe Dir schon öfter gesagt, daß ich solche Reden nicht mag — nicht einmal im Scherze. Sie stehen einer anständigen Frau nicht an.

2*

Anna (geringschätzig): Du hast überhaupt ziemlich veraltete Ansichten. Das ist jetzt alles ganz anders.

Gustav: mag sein. Du wirst aber —

Anna: Ich werde nach meinem Gewissen und nach meinem Gefühle handeln, wie es einer modernen Frau zukommt. Diese alten Sachen sind vorbei.

Gustav (einen Pack Akten hochhebend, heftig): Du wirst (er hält plötzlich ein und besinnt sich; dann mit einem Blick, als wollte er ihr nicht den Gefallen thun sich in einen Streit einzulassen, indem er seinen Aerger verbeißt) ja freilich! (indem er geflissentlich laut in den Akten zu lesen beginnt.) „Wenn nun dagegen der Beklagte einwendet, daß die Klägerin in der fraglichen Zeit —"

Anna: Hans sagt es auch. Er ist vollständig meiner Meinung.

Gustav: „In der fraglichen Zeit auch mit anderen —"

Anna: Hans ist überhaupt ein reizender Mensch. Es ist kaum glaublich, daß zwei Freunde so verschieden sein können. — Er denkt über die moderne Frauenbewegung sehr vernünftig.

Gustav (wiederwillen sich auf eine Antwort einlassend): Das solltest Du doch schon wissen, daß Hans prinzipiell immer das Gegentheil von seiner Meinung sagt — und meistens kennt man sich überhaupt gar nicht aus.

Anna: Ich finde daß man sich sehr gut auskennt. Ich kenne mich vortrefflich aus. Es gehört nur eine gewisse seelische Feinheit dazu. (Mitleidig.) Freilich wer die nicht hat —

Gustav (indem er vor Aerger wieder laut zu lesen beginnt): „so ist dagegen die ausdrückliche Versicherung zu halten, welche der Angeklagte in seinem Briefe —" Dieser Brief ist also die Hauptsache. (Er sucht in den Akten.)

Anna: Es giebt eben Naturen, die sich verstehen — da genügt die geringste Andeutung, und andere verstehen sich überhaupt nie.

Gustav (indem er den gesuchten Brief findet): Aha! Das ist der Brief!

Anna: Mit Hans habe ich mich gleich von Anfang an verstanden.

Gustav (murmelt den Inhalt des Briefes halblaut vor sich hin und hält sich die Ohren zu).

Anna: Und wunderschöne Augen hat er — — daß muß man ihm lassen.

Gustav (wie oben; thut als ob er sie nicht höre.)

Anna: Überhaupt — ich habe etwas für ihn. (sie macht eine ärgerliche Geberde, da die erhoffte Wirkung ihrer Worte ausbleibt. Plötzlich springt sie auf und läuft durch die Thüre links ab.)

Gustav (thut, als ob er es nicht bemerke. Wie sie draußen ist, lehnt er sich erschöpft zurück und atmet tief auf; er nimmt die Brille ab, putzt sie mit dem Taschentuch und wischt sich den Schweiß von der Stirne, während er, die Backen aufblasend, einen Seufzer der Erleichterung ausstößt. Wie er sie zurückkommen hört, nimmt er gleich wieder die frühere Haltung an.

Anna (durch die Thüre links, ein Körbchen mit Kuchen, Gebäck und Zuckerwerk in der Hand, welches sie auf den Tisch unmittelbar vor Gustav stellt, indem sie die Akten unsanft bei Seite schiebt, um seine Aufmerksamkeit zu erregen): Du erlaubst schon! (sie beißt heftig in das Gebäck, so daß es kracht.)

Gustav: „Wenn also der Beklagte jetzt auf einmal seine damaligen Aussagen widerruft" — (indem er einen dicken Strich in das Papier macht; sehr laut und heftig, indem er seinen ganzen Groll in das Wort legt): Widerruft —

Anna: Ich sterbe nämlich fast vor Hunger.

Gustav: — „So kann derlei unbegründeten und leichtfertigen Ausflüchten durchaus keine Glaubwürdigkeit zugemessen werden — (wie oben, beinahe schreiend) durchaus keine Glaubwürdigkeit zugemessen werden!"

Anna: Es ist mir zwar sehr ungesund — Süßigkeiten auf nüchternen Magen — der Arzt hat es ausdrücklich verboten —

Gustav: „— und ist insbesondere diese geflissentliche Verschleppung durch immer neue Einwände —

Anna: Alles andere eher, sagt der Arzt — aber doch noch lieber als verhungern — (immer lauter, indem sie sich über den Tisch zu ihm hinüberbeugt, ihm fast ins Ohr schreiend) Verhungern — verhungern!

Gustav (immer heftiger mit dem Bleistift in den Akten herumfuchtelnd, immer lauter, um ihre Stimme zu übertönen): „Diese geflissentliche Verschleppung durch immer neue

Anna (plötzlich von hellem Zorn gepackt, indem sie das Körbchen wütend auf den Tisch stößt, so daß die Kuchen nach allen Seiten herausfliegen): Ach was! Du bist eben ein ganz herz-, gemüt- und gewissenloser Barbar! (Sie ist aufgesprungen, wendet sich um, steckt mit nervösen Griffen die Haare auf und geht an den kleinen Schreibtisch links, wo sie unter den Nippes herumwühlt.)

Gustav (lehnt sich, wie er bemerkt, daß Anna die Belagerung aufgiebt, tief aufatmend in den Lehnstuhl zurück, Akten und Bleistift weglegend, und trocknet sich den Schweiß. Nach einer kleinen Pause blickt er forschend nach ihr hinüber, was sie eigentlich treibe.)

Anna (nimmt von dem Tischchen links eine künstliche Maus, setzt sich auf den Sessel vor dem Pianino, zieht das Räderwerk der Maus auf und läßt sie auf dem Boden laufen, mit ihr spielend und ihr allerlei Liebkosungen zurufend. Nach einer kleinen Pause, müde des Spieles, läßt sie die Hände in den Schoß sinken und sagt, wie zu sich selber, mit gespielter Melancholie):

Und wenn man damit vergleicht, wie die jungen Mädchen sich das vorstellen — die tausend einfältigen Hoffnungen und Träume — und jetzt! (indem sie mit einer schwermütigen Geste die Maus an der Schnur emporschwingt). Das ist das Einzige! das ist mein Leben! sonst bietet einem die Ehe nichts! — ach ja, ich bin sehr unglücklich! (Da sie sieht, daß ihr Spiel die Wirkung verfehlt, springt sie auf, die Maus verächtlich wegwerfend, geht nach der anderen Seite und wirft sich auf die Chaiselongue. Plötzlich in einem ganz anderen Tone.) Martha war heute hier. Was die wieder alles erzählt hat! sie läßt Dich übrigens bestens grüßen. (Da Gustav hartnäckig schweigt, erbost, indem sie mit ausgestrecktem Arm an dem Fauteuil zupft.) Du, hörst Du? Martha läßt Dich grüßen!

Gustav (mit einer geringschätzigen Geberde, ohne seine Arbeit zu unterbrechen): Hat große Füße!

Anna (gierig die Gelegenheit benutzend, um ihn zu einem Gespräch zu verführen). Hans hat auch große Füße — eben so große —

Gustav (ärgerlich, indem er sich widerwillig zu einer Antwort hinreißen läßt): Das ist was anders. Ein Mann kann große Füße haben!

Anna: Eine Frau kann auch große Füße haben —

Gustav (wütend): Kann! kann! Natürlich kann sie, aber es kommt darauf an.

Anna (hartnäckig): Was dem Einen recht ist, ist dem Andern billig. Es müssen der Frau unbedingt die gleichen Befugnisse eingeräumt werden wie dem Manne. Davon lassen wir uns nicht mehr abbringen.

Gustav (schlägt verzweifelt die Augen auf und trommelt vor Grimm mit den Fingern.)

Anna (indem sie eine zierliche Pose auf der Chaiselongue annimmt und ihre Füßchen sehen läßt, kokett): Ich spreche ja wirklich nicht

für mich — mein Gott, mir kann es egal sein —
ich habe es wahrhaftig nicht nötig — (nach einer Pause
da Gustav ihrer verlockenden Geberde keinen Blick schenkt, indem sie die Hände
über dem Gesicht zusammenschlägt und heftig zu weinen beginnt, tragisch):
Du liebst mich nicht mehr! o, Du liebst mich nicht
mehr!

Gustav (aufspringend, indem er mit der Faust auf die Akten
schlägt): Aber Himmel Donnerwetter — jetzt reißt mir
doch endlich —

Anna (immer heftiger schluchzend): Du liebst mich nicht
mehr — suche es mir nicht zu verheimlichen — Du
hast mich nie geliebt! (Plötzlich wütend aufspringend in hellem
Zorn) Aber ich verlange wenigstens eine anständige
Behandlung! Wenn Du von Martha sagen kannst,
daß sie große Füße hat, dann mußt Du auch von
den meinen — (sie vollendet den Satz durch eine Geberde). Und
das ist mein Recht, davon lasse ich nicht, das steht
im Gesetz — sonst taugt das ganze Gesetz überhaupt
nichts! (indem sie erschöpft tief Atem holt.) So, jetzt weißt Du's!
Es war unvermeidlich, daß wir uns endlich einmal
aussprechen mußten — klipp und klar.

Gustav (der aufgestanden ist, mit großer Erregung): Jawohl,
darin hast Du ganz recht, daß wir uns endlich ein=
mal gründlich aussprechen müssen. Ich habe es
jetzt gerade genug. Du bist ja rein wie verrückt —
neuestens.

Anna: Natürlich! beleidige mich nur noch auch —
vielleicht wirst Du mich nächstens auch schlagen —
ich bin ja blos ein wehrloses Weib! Ach, wenn
meine arme Mama —

Gustav (sehr brüsk): Die Mama lassen wir lieber
überhaupt weg, die hat damit gar nichts zu thun.

Anna: Natürlich! jetzt darf ich nicht einmal
mehr eine Mutter haben! Ich bin ja bloß eine
Sklavin — eine Sache —

Gustav (mit den Armen fuchtelnd): Du kannst Einen
geradezu zur Verzweiflung treiben!

Anna: Du hast mich schon längst zur Ver=
zweiflung getrieben.

Gustav: Ja, aber um Himmels willen, was ist denn nur überhaupt geschehen?

Anna: Ich bin so unglücklich! Du liebst mich nicht mehr — Du vernachlässigst mich — Du läßt mich mit meinem Kummer allein — nicht einmal ins Bülow-Konzert —

Gustav (in höchster Wut, indem er ihr den Rücken wendet und im Zimmer auf und ab zu laufen beginnt): Ah, man kann ja mit Dir überhaupt nicht mehr reden.

Anna (höhnisch): Ja — gut genug für die Küche allenfalls und um Knöpfe anzunähen! Das ist Deine Auffassung vom Weibe!

Gustav (mit großen Schritten im Zimmer auf und ab gehend): Meine Auffassung vom Weibe ist die eines redlichen und verständigen Mannes, der sich einen braven und treuen Kameraden fürs Leben wünscht, der kein edleres Glück kennt und keinen heißeren Wunsch hat — (plötzlich sich unterbrechend) ach was! Das weißt Du ja alles ganz genau! Es wäre traurig genug, wenn ich Dir's erst sagen müßte. (Indem er geradenwegs auf sie losgeht und sie bei der Hand faßt.) Anna, ehrlich und offen heraus — was ist, worin kannst Du Dich beklagen? was willst Du?

Anna (verwirrt, indem sie den Blick senkt, ohne gleich eine rechte Antwort zu finden): Ja, das eben — das müßtest Du — Du müßtest das wissen, was ich will. Das ist ja eben das Unglück, daß ich Dir das erst sagen soll.

Gustav (indem er unwillkürlich ihre Hand losläßt, sehr ernst und strenge): Das heißt gar nichts. Das sind Launen und romantische Kapricen — aber Du bist kein Kind mehr, sondern eine erwachsene und verständige Frau und als solche hast Du zu handeln.

Anna (etwas kleinlaut durch seinen strengen Ton, aber mit einem letzten Aufgebot von Trotz): Ah pah! das imponiert mir gar nicht, daß ich eine verständige Frau sein soll. Ich will mich amüsieren —

Gustav: Du wirst Dich auch amüsieren, so weit es unsere Verhältnisse gestatten —

Anna (trotzig): Ich will mich überhaupt amüsieren.

Gustav (mit väterlicher Zärtlichkeit, indem er den Arm um sie legt): Schau, Anna, ich habe ja auf der ganzen Welt keinen anderen Wunsch, als Dich glücklich und froh zu machen. Dafür arbeite ich und mühe mich — mein ganzes Leben wäre ja sonst verfehlt und ohne Wert. Aber Du mußt auch was dazu thun. Du mußt mir ein klein wenig guten Willen entgegenbringen und darfst auf die thörichten und grolligen Schrullen nicht hören, die in diesem nichtsnutzigen Gehirnchen manchmal aufblitzen. Nicht wahr, Du versprichst mir es? Du wirst Vernunft annehmen und mir eine liebe, brave, deutsche Hausfrau werden, wie ich es mit so innigen Wünschen träume — und machst mir keine solche Szene mehr? (er blickt sie eine Weile zärtlich fragend an; da sie ohne Antwort das Köpfchen trotzig gesenkt hält, geht er in starker innerer Bewegung wieder an den Tisch und ordnet mechanisch seine Akten.)

Anna (verharrt einen Moment nachdenklich in derselben Stellung; dann, indem sie trotzig den Kopf zurückwirft, mit einer enttäuschten, geringschätzigen Geberde): Brave deutsche Hausfrau! pah — da mach ich mir nicht viel daraus! (Nach einem kurzen Nachdenken achselzuckend) Deutsche Frau! das klingt ja recht schön, aber — (sie geht langsam durch das Zimmer nach dem Hintergrunde.)

Gustav (am Tische stehend, sieht ihr ernst und traurig nach.)

Anna (plötzlich von einer übermütigen Idee gepackt, die ihr augenscheinlich ein ungemeines Vergnügen bereitet; mit einer raschen Wendung nach dem Tisch, wo sie die Klingel ergreift und heftig läutet): Jawohl! Häusliche Frau! na warte — das will ich Dir einmal zeigen! (Sie stürzt, immerfort heftig klingelnd, durch die Thüre im Hintergrunde nach dem Büreau.)

Rieke (durch die Thüre links erschreckt hereinstürzend): Gnädige Frau! Gnädige Frau!

Gustav (gleichzeitig, verwundert): Aber Anna! Anna!

Anna (atemlos durch die Thüre im Hintergrunde hereinstürzend; sie hat eine weiße Schürze vorgebunden, schlägt ein großes Tuch um den Kopf und, indem sie in der Rechten einen Besen schwingt und mit der Linken das Kleid aufschürzt, schreiend zu Rieke): Besen und Tücher! aber schnell, schnell! und Wasser — und alle Fenster auf — es soll ein großes Reinemachen — (sie packt den Fauteuil am Tische in der Mitte und stellt ihn auf die Akten Gustavs, stellt dann die anderen Stühle auf die Tische, fliegt nach dem Fenster und öffnet dasselbe, dann, indem sie Gustav mit dem Besen zwischen die Beine fährt, daß er beinahe umfällt): Weg, weg — wenn Du schon siehst, daß ich den Pflichten der deutschen Frau —

Gustav (der vergeblich seine Alten zu retten sucht, hilflos): Anna, Anna!

Anna (schiebt den Tisch bei Seite, nimmt den Teppich weg und wirft ihn auf den Tisch, daß der Staub hoch aufgewirbelt wird): Ich will Dir zeigen — Du sollst mir Deine deutsche Hausfrau kennen lernen!

Rieke (gleichzeitig, kommt mit Besen, Tüchern, Bürsten und einem Kübel wieder, mit dem sie sofort den Boden überschwemmt. Es macht ihr Spaß, noch mehr herumzutoben als Anna.)

Anna (zügellos herumrasend): Deutsche Frau! Deutsche Hausfrau!

Gustav (lehnt sich mit einer fassungslosen Geberde an die Thüre im Hintergrunde.)

Rieke (rechts vorne, indem sie sich erschöpft einen Augenblick auf den Besen aufstützt): Na, wenn die keinen Vogel hat —!

(Der Vorhang fällt.)

Zweiter Akt.

Die Bühne stellt das Atelier Hans Gudes dar. Kostbare alte Tapisserien; Draperien aus orientalischen Stoffen; Wanddekorationen aus japanischen Fächern und Schirmen und annamitischen Helmen; an der Wand links eine Waffensammlung: lange arabische Gewehre, türkische Säbel, spanische Dolche, darüber die Farben und Mützen des alten Kouleurstudenten. Sitze in allen möglichen Formen und Größen: gothische Chorstüle, flemische Sessel und Bergèren; bunte Kissen und Sammetpolster; Teppiche und Bärenfelle. Fertige und angefangene Büsten, Ornamente und Statuen; einige in nasse Tücher eingeschlagen. Links eine Thüre in das Schlafgemach; in der Mitte des Hintergrundes eine Thüre nach dem Korridor. Rechts 2 Fenster auf die Straße; davor eine Chaiselongue; in der rechten Ecke eine spanische Wand, mit ausgelassenen Karikaturen beklebt. In der Mitte ein Postament, darauf eine angefangene Arbeit einer tanzenden Zigeunerin, davor ein Schemel, daneben eine Gliederpuppe. In der ganzen Einrichtung viele Eleganz und künstlerischer Geschmack, aber eine große Unordnung.

Hans: (in schwarzem Samtrock, Barett, Pantoffeln, eine kleine Holzpfeife im Munde; indem er von dem Postament herunterspringt und ein wenig zurückwill, um seine Arbeit zu prüfen; mit einem zornigen Fluch zwischen den Zähnen). **Himmel Herrgott Donner** — (er wirft Lehm und Stift weg und macht eine ärgerliche Geberde). **Da soll denn doch der** — (er zündet wütend seine Pfeife an und blickt nachdenklich auf seine Arbeit. An der Thüre am Hintergrunde wird zweimal heftig geklingelt. Ohne darauf zu achten, vor sich hinbrummend, indem er wieder auf das Postament steigt). **Ja freilich!** (er will wieder seine Arbeit beginnen. Es klingelt heftiger) **Bettelvolk übereinander!** (Da es noch heftiger klingelt mit einer ärgerlichen Geberde auffahrend und schreiend). **ich brauche kein Modell, ich kaufe keine Photographien, ich habe keine alten Kleider — und außerdem bin ich überhaupt gar nicht zu Hause — verstanden?**

Rieke: (von draußen indem sie immer heftiger klingelt). Aber Hans! ich bin es ja!

Hans: (mit einer Geberde komischer Verzweiflung, während er nach der Thüre im Hintergrunde geht). Die hat mir gerade noch gefehlt! (indem er aufschließt und Rieke eintreten läßt, sie unwillig anfahrend) Du bist wohl verrückt geworden! Was fällt Dir denn eigentlich ein — —

Rieke: (in einer geschmacklos aufgebonnerten Toilette, halb Köchin, die Sonntag spazieren geht, halb Kokotte. Indem sie ihm stürmisch um den Hals fällt.) Mein geliebter Hans!

Hans: (indem er sich unwillig von ihr losmacht, sehr unhöflich). Ja freilich — danke ergebenst! Wenn ich Dich bestelle, dann ist das recht schön. Aber so mir nichts, dir nichts — so wollen wir uns das denn doch lieber nicht einrichten — was ist denn, was hast Du denn?

Rieke: (hat, wie er sich von ihr losmacht einen raschen und heftigen Blick durch das Atelier geworfen und ist sofort sehr eilig mit ihren großen Dragonerschritten nach der Thüre links gegangen, welche sie aufstößt um in dem Schlafzimmer nachzusehen. Dann erst wendet sie sich beruhigt wieder um und sagt vorwurfsvoll, indem sie ihn verächtlich anblickt.) Ich meinte schon — denn Dir kann man alles zutrauen! (drohend) ich möchte es Dir aber nicht rathen. —

Hans: (Mit wachsendem Aerger.) Was denn — vielleicht — Ah, eifersüchtig auch noch? Da hört doch — Ich kann Weiber bei mir haben so viel ich will — ich kann —

Rieke: (trocken ruhig.) Ja ja — reg Dich nur nicht so auf — blos: wenn ich einmal eine finde — der kratze ich die Augen aus — damit Du blos weißt! (Sie geht ruhig nach der Chaiselonge rechts, wo sie Hut, Schirm und Mantel ablegt.)

Hans: (geht ärgerlich ohne recht zu wissen was er thun soll um das Postament herum nach dem Vordergrunde, schiebt sein Barett auf den Hinterkopf zurück und pafft, die Hände in den Taschen in großen Zügen den Rauch aus seiner Pfeife, mit einem geringschätzigen Ton.) Weißt Du: Du wirst mir überhaupt mit jedem Tage mehr zuwider. Es ist durchaus kein Vergnügen mehr — mit Dir. Du fängst an, mir unbequem zu werden — unbequem, ja wohl! Das ist das richtige Wort.

Rieke (die es sich auf der Chaiselongue bequem gemacht hat): Ich habe heute gerade Ausgang — zufällig!

Hans (wütend): Ich habe aber heute gerade zu arbeiten — zufällig.

Rieke (mit einer geringschätzigen Geberde): Mein Gott, Deine Arbeit!

Hans: (aufs neue wütend) Und was ist denn das überhaupt für eine Manier, sich von zu Hause wegzuschwindeln —

Rieke: (Immer sehr ruhig und trocken.) Ich habe mich gar nicht weggeschwindelt, sondern die gnädige Frau hat den Herrn beinahe geprügelt und da haben sie sich denn doch genirt vor mir und haben mich fortgeschickt. Da habe ich mir gedacht: Das ist der Finger Gottes, weil ich Dir schon längst was zu erzählen habe. Nemlich —

Hans: (der sich seufzend in sein Geschick zu finden sucht indem er an die Chaiselonge vor sie hintritt.) Schon wieder? ist es ein neuer Hut, oder ist es ein neues Kleid? machs wenigstens rasch!

Rieke: Es ist eine sehr ernste und wichtige Geschichte.

Hans: Das kann ich mir denken.

Rieke: (indem sie ihn mit einer sehr ernsthaften Miene anblickt und die linke Hand mit auseinandergespreizten Fingern vor sich hinstreckt.) Es handelt sich um mein Lebensglück. —

Hans: (der über ihr Pathos lachen muß, sieht sie mit übermütiger Neugierde an.) Ah — geh!

Rieke: Und um meine Ehre!

Hans: (nachdem er sie eine Weile blinzelnd angegukt; indem er mit einer komischen Geberde ihre Hand ergreift und ihren Puls fühlt.) Der Puls ist aber noch ganz normal —

Rieke: (macht sich von seiner Hand los, indem sie ihm einen leichten Schlag giebt, steht auf, entfernt sich einige Schritte von ihm und sagt dann immer mit derselben ernsthaften Miene und mit einer außerordentlichen Wichtigkeit.) Ich will mich verändern.

Hans: Das ist jedenfalls das gescheiteste, was Du thun kannst.

Rieke (ohne sich durch seinen Uebermut irgendwie stören zu lassen, mit großem Ernst und als ob sie eine eingelernte Lektion herunterfage.) Ich habe diese unwürdige Stellung satt. Ich will nicht länger ein Weib zweiter Classe sein. Ich ertrage diese zweideutige Situation nicht länger.

Hans (sprachlos vor Erstaunen, indem er sich auf die Chaiselongue fallen läßt): Rieke, Rieke, ich glaube wirklich, Du hast den Verstand verloren.

Rieke (wie oben): Ich bin dahineingeraten, weiß selber gar nicht wie! Man ist eben so dumm und hilflos und schlecht beraten und lebt so in den Tag hinein, denkt nicht an morgen und wird immer von seinem Gefühle betrogen. Wir armen Mädchen sind wirklich sehr zu bedauern. Gott, wie schäme ich mich jetzt und bereue! Aber ich bin fest entschlossen: ich will mich verbessern.

Hans (mit scheinheiliger Miene sie persiflierend): Amen!

Rieke: Ich will nicht länger Deine Geliebte sein —

Hans: Geliebte — oh, oh! wer wird denn gleich so harte Ausdrücke gebrauchen — wegen so ein bißchen —

Rieke (indem sie ganz nahe an die Chaiselongue vor ihn hintritt mit einer gut einstudirten Geberde): Ich will nicht länger Deine Geliebte sein — und nebenbei auch noch im Dienst, sondern Du mußt mich aushalten — ja!

Hans (indem er von der Chaiselongue emporspringt, halb wütend, halb lachend): Was? Was? wa— oh! (Er streckt in heftigem Lachen die Arme von sich.)

Rieke (in der nämlichen Haltung): Ja, das ist mein ernstlicher Vorsatz!

Hans (nachdem er sich mit allerhand Kapriolen ausgelacht hat, indem er, das Barett in den Nacken zurückgeschoben, die kleine Pfeife herausfordernd im linken Winkel des Mundes, die Hände auf dem Rücken, vor sie hintritt, gutmütig, zutraulich und spöttisch): Sag' einmal, Mädel — wer hat Dir das in den Kopf gesetzt? Von wem ist das?

Rieke (macht eine beleidigte und feierlich protestierende Geberde.)

Hans (der sie nicht zu Worte kommen läßt, indem er sie zutraulich unter den Arm faßt): Schau', mir wirst Du doch so etwas nicht vormachen wollen — ich habe doch schon länger das Vergnügen —

Rieke (indem sie sich von ihm loszumachen sucht, mit gekränkter Unschuld): Aber ich weiß gar nicht — ich begreife gar nicht —

Hans (ohne ihren Arm freizugeben und ohne sie ausreden zu lassen): Du hast ja alle möglichen schlechten Eigenschaften: Du bist faul, Du bist gefräßig, Du bist habsüchtig, Du lügst Einen fortwährend an — aber sonst bist Du bisher doch immer ein ganz nettes und vernünftiges Mädel gewesen. Solltest Du wirklich plötzlich aus eigenem Antriebe übergeschnappt sein?

Rieke (ein wenig aus der Haltung gebracht und verwirrt, indem sie sich zu fassen sucht): man — man hat doch gewisse Pflichten gegen sich selbst —

Hans (sieht sie von oben herab mit einem pfiffig zwinkernden Blicke an und pfeift ihr mit einer komischen Geberde ins Gesicht; dann, einer plötzlichen Eingebung folgend, indem er lustig mit den Fingern schnalzt, zieht er sie auf das Postament an die Stelle der Gliederpuppe und macht sich wieder an seine Arbeit, indem er sich anschickt, sie als Modell zu benutzen): Komm' — komm' — komm'! Stell' Dich einmal daher — so — mehr links —

Rieke (protestierend): Aber —

Hans (indem er ihr die richtige Haltung giebt): So sei nicht so — streck einmal den Arm aus — den anderen — so — etwas gebogen — nicht gar so sehr — Herrgott, bist Du ungeschickt! (Er richtet sie.)

Rieke (widerstrebend): Aber so laß Dir doch —

Hans: Ruhig, ruhig! — Du wirst sehen: da verständigen wir uns viel leichter. (Er nimmt Stift und Lehm wieder, um seine Arbeit fortzusetzen.) Und daß Du Dich ruhig hältst — nicht rühren, sonst — (Er macht eine drohende Geberde mit dem Lehmklumpen.)

Rieke (die sich sehr unbehaglich fühlt): Aber —

Hans (sie heftig anfahrend): Ruhig — habe ich gesagt.

Rieke (ängstlich): Ich habe aber ein ganz neues Kleid —

Hans (barsch, aber man merkt, wie sehr ihn die Situation amüsiert): Das geht mich gar nichts an! Das überleg Dir ein ander Mal vorher!

Rieke (die, ganz verdutzt, sich nicht zu rühren wagt, schüchtern): Aber blinzeln — darf ich denn nicht wenigstens blinzeln? — Sonst werden Einem ja die Augen ganz —

Hans (brummig, während er eifrig auf seine Arbeit losschlägt): Meinetwegen — aber nicht mehr, als absolut nötig ist, sonst —! (Kleine Pause, während Rieke mit einer kläglichen Miene sich nicht zu rühren wagt.) Und jetzt rede — wenn Du 'was zu reden hast — aber vernünftig!

Rieke (erleichtert): Also geredet — geredet darf doch werden?

Hans: Aber daß Du Dich nicht rührst dabei!

Rieke: Nein — blos mit dem Mund.

Hans: Und blos angenehme Sachen — das bitte ich mir aus — daß Du mich nicht aus der Stimmung bringst! (mit einem drohenden Blick) weißt Du: die Stimmung!

Rieke (immer sehr schüchtern und ängstlich, weil sie bei jeder lebhaften Bewegung Gefahr läuft, entweder vom Postamente herunter zu fallen oder an den Lehm zu streifen.) Ja, ja — aber warum soll Dir denn das — schau, das kann Dir ja doch nicht unangenehm sein, wenn ich mich verbessern will.

Hans: (einen großen Klumpen Lehm auf seine Arbeit werfend; sehr heftig schreiend) Wer hat es Dir eingeredet? — ich will jetzt wissen, wer es Dir eingeredet hat.

Rieke: Aber niemand — ich weiß gar nicht, was Du immer hast. (Indem sie unwillkürlich wieder die pathetische Haltung von früher annimmt und den Arm mit einer deklamirenden Geberde ausstreckt). Es ist mein eigenes Gefühl, das mir sagt —

Hans: (komisch mit dem Lehm drohend) Du! — Du! Ich sage Dir —!

Rieke: (stockend und stotternd, da sie ohne die großen Geberden ihren eingelernten Text verliert) Nämlich — man ist sich das selber schuldig — man — (weinerlich) man hat doch schließlich auch ein gewisses Ehrgefühl.

Hans: (nach einer Pause, während welcher er sie schelmisch ansieht; gemütlich) Schau Riekerl! — sag' die Wahrheit! Von wem hast Du's denn?

Rieke: (wütend, da sie sich nicht mehr zu helfen weiß) Ich bitte Dich, laß mich in Ruhe, wenn ich Dir schon hundertmal — (plötzlich) und die lange Flora sagt auch —

Hans: (mit großem Behagen, daß er ihr's endlich herausgebracht hat) Also die lange Flora!

Rieke: (plötzlich sehr hastig redend, um ihren Ärger zu maskiren) Ja, die lange Flora — die war auch im Dienst, es ist noch gar nicht so lange her — und jetzt hat sie so große Federn — und einen Grafen —

Hans: Und das möchtest Du auch? Gelt?

Rieke: Ich möchte blos — sie hat eben ganz recht; man muß vernünftig sein — man darf heutzutage nicht so leichtsinnig drauf los leben, und ein Mädchen ohne Grundsätze und die ihre Jugend nicht benutzt — die ist verloren.

Hans: Sagt die lange Flora? (Mit schalkhaftem Ernst) Na weißt: wenn ich es ernstlich überlege — sie hat wirklich ganz recht — die lange Flora.

Rieke: (mit Freude und Dankbarkeit) Nicht wahr? Na, ich hab's ja gewußt, daß Du —

Hans: (trocken) Ja, Du mußt Dir wirklich auch einen Grafen suchen.

Rieke: (enttäuscht; macht ein verdutztes dummes Gesicht) Aber — ich habe blos gedacht — nämlich — Du wärst doch eigentlich so gewissermaßen der nächste —

Hans: (sie heftig anfahrend, indem er mit dem Fuß aufstampft) Den Arm sollst Du ruhig halten! Herrgott — Donner —

Rieke: (verdutzt, schüchtern) Aber — aber — ich habe ja gar nicht —

Hans: (mit gutgespieltem Zorn) Ja, Du hast! Widersprich mir nicht auch noch — sonst — (indem er ihren Arm richtet).

Rieke: (nach einer kleinen Pause schüchtern) Mir scheint — Du hast keine besondere Lust —

Hans: Nein — danke — ich bin kein Graf.

Rieke: Es ist blos — das kannst Du einem doch nicht übel nehmen, daß man es mit der Zeit zu etwas bringen möchte. Man will eben emporkommen. Man hat so einen gewissen höheren Drang. Und natürlich habe ich da zuerst an Dich gedacht, wenn Du — aber vielleicht weißt Du einen guten Bekannten —

Hans: (etwas milder gestimmt) Na, darüber ließe sich eher reden — allenfalls. Warum hast Du denn das nicht gleich gesagt?

Rieke: (durch seinen Ton ermutigt; zuversichtlicher) Und schau — das kannst Du einem doch wahrhaftig nicht verargen: Endlich und schließlich — das kommt auch noch dazu — endlich und schließlich muß unsereins doch auch einmal ans Heiraten denken — und wer nimmt denn heutzutage ein Dienstmädchen? Dagegen —

Hans: Natürlich! — nein, was diese Flora gescheit ist! (es wird draußen ganz leise und behutsam geklingelt. Rieke macht eine überraschte Wendung. Hans winkt ihr, sich ruhig zu verhalten und horcht nach der Thüre hin. Nach einer kleinen Pause wird ein wenig stärker und zuversichtlicher geklingelt.)

Hans: (leise, während er das Postament verläßt) Warte einmal! Pst! (an der Thüre, nachdem er einen Augenblick gehorcht hat) Wer ist denn hier?

Anna: (von außen, mit zitternder, kaum vernehmlicher Stimme) Ich bin es, Hans!

Hans: (fährt, wie er ihre Stimme erkennt, in freudigem Schreck zusammen und gerät in große Verwirrung; seine erste Bewegung ist nach der Thüre um zu öffnen; dann erinnert er sich Rieke's, welche er mit wütenden Blicken betrachtet, von dem Postament herunterzieht und eilig nach der Thüre links schleppt; ganz leise aber sehr heftig) Siehst Du, das kommt davon — von Deinem verwünschten — Du gehst da hinein und rührst Dich nicht.

Rieke: (ganz erschreckt, daß sie so unsanft gezerrt wird) Ja, ja.

Hans: (indem er sie in sein Schlafzimmer hineinschiebt, die Thüre hinter ihr versperrt und den Schlüssel abzieht) Und keinen Laut! Verstanden? Keinen Laut — sonst sollst Du was erleben. (Indem er, mit Mühe seine Aufregung bemeisternd, nach der Thüre im Hintergrunde läuft, um Anna zu öffnen) Ah — ah — ah —

Anna: (durch die Thüre im Hintergrunde; sehr elegant und tief verschleiert; mit einer nervösen Lustigkeit und künstlichen Ungenirtheit) Endlich! Gott sei Dank — ich dachte schon —

Hans: (indem er ihre Hände ergreift und stürmisch küßt, mit großer Freude, aber ängstlichen Seitenblicken nach der Thüre links) Ach, Anna — liebe, süße, angebetete Anna — ich bin ja ganz konfus vor Freude und Glück und —

Anna: (indem sie, erschreckt durch seine Leidenschaftlichkeit, sich von ihm freimacht, ihn verläßt und nach der Chaiselonge rechts geht) **Um Gotteswillen, Hans, wenn uns jemand hörte!**

Hans: (verwirrt, mit einem ärgerlichen Seitenblick auf die Thüre links, während er sich erhebt und verlegen nach dem Vordergrund kommt) **Wo denken Sie hin — wer soll denn — wir sind hier doch ganz allein!**

Anna: (während sie Hut und Mantel ablegt und sich neugierig in dem Atelier umsieht; kokett) **Ich bin aber nicht gekommen, um mit Ihnen allein zu sein — sondern** — (sie zögert einen Augenblick) **ich möchte das einmal sehen, so eine Künstlerwirtschaft — aus Neugierde —** (plötzlich in einem anderen Ton, wie einer raschen Eingebung folgend) **Oder eigentlich — haben Sie eine Cigarette?**

Hans: (der in augenscheinlicher Verwirrung dasteht, ohne recht auf sie zu hören, nur mit seinem Ärger über die Anwesenheit Riese's beschäftigt, nachdenklich, wie er sich aus der Situation ziehen könne; plötzlich auffahrend, indem er die Cigaretten holt) **Cigaretten — ja! — Cigaretten! hier, bitte — oder — Sie können auch eine Cigarre haben.**

Anna: (lachend, indem sie eine der Cigaretten nimmt) **Nein, danke — aber was haben Sie denn heute? Sie sind so merkwürdig —**

Hans: (sich zusammennehmend) **Ah — oh — nein, nein! Sondern das kommt nur — nämlich wir Künstler — so sind einmal die Künstler bei der Arbeit — ja so sind wir — das läßt sich nicht ändern — aber bitte** (er reicht ihr ein brennendes Streichhölzchen für die Cigarette; sehr viel und hastig sprechend, um seine Verlegenheit zu maskiren, immer mit unwillkürlichen Blicken nach der Thüre links). **Ja die Künstler — ja das sollte man gar nicht glauben — nämlich — es ist geradezu unglaublich, sage ich Ihnen: man nennt das die Stimmung oder auch den Geist — wenn der Geist über einen kommt — ja, da werden manche ganz verwirrt davon —** (er löscht das Streichhölzchen, mit dem er bisher herumgefuchtelt hat, und läuft auf die linke Seite nach einem Aschenbecher, verzweifelt vor sich hin murmelnd) **oh oh — was muß sie denn von mir denken, wenn ich —** (mit einer wütenden Geberde nach der Thüre links, indem er die Faust ballt) **aber — ah ah!**

Anna: (gleichzeitig lachend, indem sie ihn verwundert betrachtet) Ich merke es. (indem sie sich in dem Atelier umsieht) Sie sind wirklich ganz allerliebst eingerichtet.

Hans: (stürzt, einem plötzlichen Impulse folgend, wieder auf sie los, packt sie am Arme und zerrt sie sehr schnell auf die rechte Seite hinüber, ganz vorne) Kommen Sie — kommen Sie — kommen Sie hierher! Da — da ist nämlich die Luft besser; da drüben staubt es so! Ja, ja, ganz gewiß! (in leidenschaftlichem Ton, aber ganz leise) Hören Sie mich an, Anna! Sie müssen mich anhören. Aber nur leise, ganz leise. Kein lauter Ton soll das keusche Geheimnis unsrer Herzen entweihen.

Anna: (mit komischem Schreck) Brr! — das ist jetzt wohl wieder der Geist, der über Sie kommt?

Hans: Ja — der Geist.

Anna: Das muß doch ein sehr schönes Gefühl sein —

Hans: Ja — so ziemlich — das heißt, es giebt noch schönere. Eben darum hören Sie mich an. (Er will den Arm um sie schlingen).

Anna: (indem sie sich von ihm losmacht und ihm entläuft) Aber ich will mir doch zuerst das Atelier ansehen! — (sehr kokett) Das können wir ja dann später — wir haben ja Zeit — (sie steigt auf das Postament, um die Statue zu betrachten).

Hans: (dem vor Verlegenheit der Schweiß von der Stirne rinnt, vor sich hin, indem er ihr folgt) oh oh — was muß die arme Frau denn von mir denken? (er ballt die Faust nach der Thüre links)

Anna: (vor der Statue, welche sie neugierig betrachtet) Das muß aber doch sehr schwer sein — so was zu machen.

Hans: (immer mit seinen Gedanken beschäftigt; bloß um etwas zu sagen; leichthin) Ach das glaubt man bloß! Wenn's einer kann, ist's gar nicht schwer. Glauben Sie mir.

Anna: (die vor seiner Arbeit in träumerisches Nachdenken versunken ist) Und so eine Frau ist doch sehr glücklich und sehr zu beneiden!

Hans: (verblüfft) Was — was denn für eine Frau?

Anna (mit einer Geberde über das Atelier hin und auf die Statue, in einem gereizten, rechthaberischen Tone): Vergleichen Sie damit blos die Frau eines Rechtsanwalts — na also! (Melancholisch werdend, aufseufzend): ach ja! — (plötzlich in einem anderen Tone) Geben Sie mir noch eine Zigarette! Nämlich —

Hans (indem er nach den Zigaretten läuft): Gleich — bitte.

Anna: Sie sind sehr gut.

Hans (indem er die Zigaretten bringt): Hier.

Anna (eine von den Zigaretten nehmend): Und sie riechen so schön. Danke!

Hans (indem er ihr Feuer giebt): echt russische —

Anna (während sie Feuer nimmt): Ja? — nämlich wissen Sie —

Hans: Direkt aus Odessa.

Anna: Sie werden lachen — aber wirklich, es ist kein Spaß

Hans (sie verwundert anblickend, während er das Zündhölzchen wegwirft): Was denn?

Anna: Blos deswegen bin ich nämlich gekommen — aufrichtig gestanden — blos deswegen —

Hans (sprachlos vor Erstaunen): Um — um —

Anna (mit künstlichem Gleichmut): Ja — um Zigaretten zu rauchen. Weil er es durchaus nicht will — Gustav — das Ungeheuer! Wenn ich eben bei meinem Manne nicht rauchen kann, such' ich mir einen anderen Mann — fertig! sehr einfach! (Plötzlich in Wut geratend): Ach, es ist ja nicht mehr zu ertragen! Diese Tyrannei, die brutale Gewaltherrschaft — da hätte ich gleich bei Papa bleiben können. Strenger war es da auch nicht. — Aber wir sind eben so dumm und hilflos, und niemand rät uns! Wir sind wirklich sehr zu bedauern. — Aber ich habe diese unwürdige Stellung jetzt satt! Ich will nicht länger als Wesen zweiter Klasse gehalten sein. Man hat gewisse Pflichten gegen sich selbst, die über alles andere gehen.

Hans (indem er sich an die Deklamationen Rieke's erinnert, lächelnd, für sich, während er an seiner Arbeit eine leichte Änderung vornimmt, die ihm eingefallen ist): Das scheint ja eine reine Epidemie zu sein.

Anna (sich immer mehr in Wut hineinredend): Nicht etwa, daß er mir einen Grund — ah, beileibe nicht! — sondern wie man einem dummen Kinde 'was verbietet — ohne weiters - ganz einfach: er will es nicht! Der gnädige Herr will es nicht! Er findet es nicht für angemessen — was das schon für ein blödsinniger Ausdruck ist! (Indem sie seinen philisterhaften Moralprediger-Ton karrikirend nachäfft.) „Das mag in der Pariser Halbwelt — aber eine deutsche Frau" — (in hellen Zorn ausbrechend) Jawohl — deutsche Frau! Er soll schon sehen, was dabei herauskommt! er soll es mir gründlich bereuen — und Sie, Hans — ich weiß noch nicht wie — aber Sie müssen mir helfen.

Hans (ist im Vorigen unschlüssig gewesen, wie er sich aus der Situation ziehen soll, und immer erregter geworden. Endlich scheint er einen Entschluß zu fassen, nähert sich Anna und umschlingt sie zärtlich. Sehr leise, um nebenan nicht gehört zu werden): Ja, Anna, liebe Anna, ich will Ihnen helfen; aber hören Sie mich einen Augenblick an.

Anna (die bei seiner Berührung zusammenzuckt, indem sie sich von ihm freimacht): Aber Sie machen mich ja ganz schmutzig.

Hans (sie loslassend und auf seine von der Arbeit beschmutzten Hände sehend): Ich werde mir die Hände waschen — Sie brauchens blos trocknen zu lassen, dann geht es ganz leicht wieder heraus — aber Sie müssen mich anhören (er geht zu dem großen Wasserkübel hinter dem Postament, in welchem die Spritze und die Tücher aufbewahrt werden, und beginnt sich die Hände zu waschen.)

Anna (indem sie ihm folgt und auf die andere Seite des Kübels tritt, mit einem besorgten Blick auf den Fleck an ihrer Jacke): Glauben Sie wirklich, daß es wieder herausgeht?

Hans (während er sich einseift): Sicher — aber hören Sie mich an.

Anna (ungeduldig, nervös): Na, so machen Sie nur schon endlich einmal — mein Gott, die Männer sind alle so furchtbar langsam!

Hans (mit immer neuen Versuchen, ohne den rechten Ausdruck zu finden, seine Verlegenheit durch eifriges Einseifen maskirend und immer wieder mit besorgten Blicken nach der Thüre links, ob er nicht etwa nebenan gehört werde): Das ist nur im Anfang — später, da geht's dann ganz anders. Hören Sie mich an!

Anna (die sich an seiner Verlegenheit belustigt, tötelt): Ist es was Interessantes?

Hans: Oh — sehr interessant! nämlich, schon längst, längst — aber jetzt diese neue unerhörte Brutalität Gustav's — (da er sie angespritzt hat) Pardon!

Anna (indem sie ein wenig zurückweicht, mißtrauisch): Mir scheint, Sie wollen sich blos lustig machen —

Hans: Scherzen Sie nicht. Hören Sie mich an. Meine Pflicht — sowohl meine Pflicht als Mann im allgemeinen, wie auch als Ihr Freund ganz besonders — ja, und hauptsächlich — (erschöpft Atem holend und mit einem hilflosen Seitenblick nach der Thüre links): aber blos hier, das müssen Sie doch begreifen, liebe Anna, daß es hier nicht sein kann — die Pflichten der Gastlichkeit — und dann meine Achtung, meine unbegrenzte Hochachtung —

Anna (unmutig schmollend): Warum haben Sie auch auf einmal gar so viel Achtung!

Hans (immer verlegener und verwirrter): Und — wie soll ich sagen, eine — eine ganz besondere Nuance von Zartgefühl — (Die Klingel ertönt sehr heftig.)

Gustav (von draußen, indem er singend und lärmend mit den Fäusten einen Marsch auf der Thüre trommelt): Rataplan, rataplan, rataplan, bum bum! (wieder an der Klingel reißend) Hollaho! Hans! Faulpelz! Du schläfst wohl, Murmeltier!

Anna (gleichzeitig, zusammenfahrend, an allen Gliedern zitternd): Um Gottes willen — ich bin verloren! (sie läuft instinktiv nach der Thüre links.)

Hans (mit eingeseiften Händen hinter ihr her, um ihr den Eintritt links zu verwehren, in großer Verwirrung, indem er mit den Ellenbogen, welche er blos benützen kann, sie abzuhalten sucht): Nicht hier — nicht hier —

Gustav (trommelt in einem fort an der Thüre und singt dazu.)

Anna (in höchster Erregung): Lassen Sie mich oder —

Hans (gleichzeitig, indem er seine beiden Oberarme um sie schlingt, um sie wegzuziehen, die Hände vorsichtig wegspreizend, um sie nicht einzuseifen, und sie um das Postament nach der anderen Seite hinüberdrängt): Mein

Diener hat den Schlüssel mit — kommen Sie — kommen Sie — (laut schreiend nach der Thüre hin, um Gustav zu beruhigen) So warte doch nur einen Moment; ich wasche mir ja blos gerade die Hände! (leise zu Anna, indem er sie hinter die spanische Wand rechts schiebt) Hier sind Sie ganz sicher — ich lasse ihn nicht zu, mein Ehrenwort! (er schiebt die spanische Wand um sie zusammen, während er nach der Thüre hin schreit) Ich komme schon! da bin ich schon! ich bin schon da! (Er läuft atemlos nach der Thüre, bemerkt aber, wie er sich nochmals umsieht, ihren Hut und Schirm auf der Chaiselongue, welche er, um sie nicht mit Seife zu beschmutzen, zwischen den Zähnen apportiert und mit einem Sprung hinter die spanische Wand wirft. Atemlos erschöpft, während er eilig die Seife von den Händen spült und nach der Thüre im Hintergrunde läuft: O diese Ehemänner! diese Ehemänner! Immer dieselbe Taktlosigkeit — und so vergeht das Leben! (Er öffnet die Thüre, stellt sich aber so davor, daß Gustav nicht eintreten kann, sondern auf der Schwelle bleiben muß.)

Gustav (in der Thüre erscheinend, den Hut schief auf dem Kopfe, den Stock in der Tasche des Paletots. Man merkt, daß er ein wenig angeheitert ist; Philisterhaftigkeit und Weinlaune geben eine belustigende Mischung. Mit einer sehr pfiffigen und schlauen Miene, indem er lachend nach der spanischen Wand blinzelt und Hans mit dem Finger droht): Du, Du, Du! — Du bist ein netter Junge — (indem er seinen Zeigefinger Hans in den Bauch stößt) Alter Sünder!

Hans (indem er sich vor Gustav aufpflanzt, seinen Zustand musternd): Na, Du siehst gut aus! — so kommt man doch nicht zu einem anständigen Menschen — schämst Du Dich denn gar nicht?

Gustav (plötzlich sehr verlegen und beschämt, indem er Gustav umarmt mit weinerlicher Stimme): Aber schau, Du darfst nicht denken — es ist wirklich das erste Mal! blos — blos, weil mich meine Frau so schlecht behandelt. Nicht einmal zu essen hab' ich heute bekommen — ach, Hans! (Er umarmt ihn sehr heftig).

Hans (indem er ihn hinauszuschieben sucht): Ich kann Dir ein sehr gutes Restaurant empfehlen, ganz in der Nähe. Das ist nämlich sehr ungesund!

Gustav (naiv): Aber ich hab' ja doch schon — siehst Du denn nicht? — (sich fassend und wieder mit der früheren verschmitzten Schlauheit, indem er mit dem Zeigefinger Gesten nach der spanischen Wand hin macht): Und Du willst ja blos — o

Du Schlaukopf! o Du Schlaukopf! So ein Schlaukopf! (Indem er vor Vergnügen anfängt, ihn zu boxen.) Aber mir macht man nichts vor — ich kenne Dir, Spiegelberg!

Hans (der anfängt, nervös zu werden, kurz, bestimmt, unhöflich): Ich kann Dich heute aber leider nicht — meine Arbeit —

Gustav (mit breiter, behäbiger Gutmütigkeit): Aber schau, altes Haus! Haben wir zwei es denn nötig, uns solche Faxen vorzumachen? (selbstgefällig mit den Augen zwinkernd) Glaubst Du denn, ich weiß nicht, wer dahinter steckt? Na, Du hältst Einen aber auch für schön dumm!

Hans (in peinlicher Verlegenheit): Ich weiß nicht, was Du —

Gustav: Aber ich nehme Dir doch das nicht übel! Hast recht! Amüsier' Dich nur ordentlich — natürlich! — (indem er ihn wieder umarmt, mit zunehmender Heiterkeit) Und gewiß wieder — o Du Spitzbube! — natürlich wieder eine verheiratete Frau! (Mit komischer Entrüstung) Armer Gatte! Armer Gatte!

Hans (zwischen Aerger und Lachen schwankend): Aber ich bitte Dich in allem Ernste —

Gustav (mit scheinheiliger Entrüstung): O, diese Künstler! diese sittenlosen Künstler! Eine verheiratete Frau! — (sehr übermütig weinseelig) Aber hast ja recht! natürlich! ist das einzig Wahre! Und warum sind die Kerle auch so dumm — (indem er sich schüttelt vor Lachen) Hahaha!

Hans (der über ihn lachen muß): Aber, Gustav, Du bist ja betrunken —

Gustav (gutmütig abwehrend): O, o — heiter, höchstens heiter! Man muß das Leben — Ich werde mir das jetzt ganz anders einrichten. — (Plötzlich die Augen aufreißend, indem er mit dem Stock unter die spanische Wand hinzeigt) Und o, o! was sie für allerliebste kleine Füße hat! Geh' — Du mußt mir sie zeigen. Anschauen, blos anschauen!

Hans: Ich sage Dir zum letzten Mal —

Gustav (indem er in die Höhe springt, um über die spanische Wand zu blicken): Wenigstens, ob sie blond oder braun — (ärgerlich, da Hans ihn gewaltsam am Springen hindert) Aber so sei doch nicht so — ich sage doch keinem Menschen ein Wort davon. Auf Ehre!

Hans (zum Aeußersten entschlossen): Ich werfe Dich jetzt einfach hinaus, wenn Du nicht augenblicklich —

Gustav: Na, na, na! sei bloß nicht so — ich will ja auch gar nicht stören! Du Schlingel! (Indem er eine komische, segenspendende Geberde nach der spanischen Wand hin macht.) Ich gebe Euch meinen Segen! (Er bricht über seinen eigenen Witz in lautes Lachen aus und wendet sich zum Gehen, indem er Hans die Hand schüttelt) Na, auf Wiedersehen und gute Verrichtung!

Hans (indem er ihn hinausdrängt): Auf Wiedersehen, auf Wiedersehen — und grüß' mir Deine Frau — ich komme vielleicht heute Abend auf einen Sprung. — (Er schließt die Thüre hinter Gustav zu. Man hört diesen lachend und singend fortgehen. Hans lauscht eine Weile, atmet dann erleichtert tief auf und geht nach der spanischen Wand, welche er zurückschlägt.)

Anna (kommt hinter der spanischen Wand hervor und geht nach der Chaiselongue; sie ist sehr bleich, zittert am ganzen Leibe, hat Thränen in den Augen und atmet schwer. Kleine Pause.)

Hans steht verlegen neben ihr, mit einem ärgerlichen Blick nach der Thüre links. Dann leise, zärtlich): Anna!

Anna (wie aus einem Traum emporfahrend, sehr hastig): Lassen Sie mich fort! (Indem sie sich mit der Hand über die Augen fährt) Ach, es war zu entsetzlich!

Hans (leichtsinnig, um sie zu beruhigen): Mein Gott, daran werden Sie sich schon gewöhnen — mit der Zeit!

Anna (indem sie ihn zwischen Thränen mit inniger Zärtlichkeit anblickt, stockend): Aber — aber jetzt — o mein Gott!

Hans (der sie versteht, indem er sie in seine Arme zieht, sehr zärtlich): Meine liebe, liebe Anna!

Anna (in seine Arme sinkend): Jetzt kann ich ja nimmer mehr von Dir lassen, niemals im Leben!

Hans (indem er sich plötzlich von ihr freimacht mit einer haftigen Geberde gegen die Thüre links.) Es soll ja alles, alles — (Er küßt sie noch einmal.) Aber jetzt mußt Du wirklich fort, wir dürfen das nicht noch einmal riskieren. (Er führt sie an die Thüre im Hintergrunde, und nachdem er geöffnet, umarmt er sie nochmals.)

Anna: Auf Wiedersehen! Ich werde Dir schreiben.

Hans: Auf Wiedersehen! (Er läßt sie hinaus; dann, indem er nach der Thüre links geht.) Ah, ah, welch ein Tag! (Er stößt die Thüre links auf, zornig rufend mit einer heftigen Geberde): Komm' heraus und schau, daß Du Dich augenblicklich —

Rieke (in der Thüre links erscheinend, ganz verdutzt, furchtsam): Ja, ja — deswegen brauchst Du ja nicht gleich —

Hans (mit ehrlicher Entrüstung, indem er sie zornig am Arme packt und nach der Thüre im Hintergrunde schleppt): Du! — Du! Jetzt hast Du's wenigstens einmal gesehen, wohin das führt!

Rieke (indem sie ihren Arm freizumachen sucht): Aber Du thust mir ja —

Hans (mit einer wütenden Geberde): Ah — man sollte Dich —! Mach', daß Du fortkommst! und daß es Dir nie wieder einfällt — hörst Du wohl: nie wieder! — (Plötzlich in einem etwas sanfteren Tone): Außer natürlich, wenn ich Dir ausdrücklich schreibe, daß Du kommen sollst. Das ist dann was Anderes.

Rieke (mit einem bösen Blick indem sie durch die Thüre im Hintergrunde abgeht): Gott behüte!

Hans (kommt nach dem Vordergrunde und bleibt eine Weile nachdenklich stehen, indem er die Backen aufbläst und den Atem herausstößt. Dann, indem er seine kleine Pfeife wieder anzündet, mit einem Blick zum Himmel): O, diese Weiber! die Weiber! die Weiber! (Er wendet sich seufzend wieder zu seiner Arbeit.)

(Der Vorhang fällt.)

Dritter Akt.

Das Bureau des Rechtsanwaltes Gustav Schlieben. Links, eine Thür in die Wohnung, im Hintergrund eine Thür nach der Kanzlei. Rechts 2 Fenster auf die Straße, dazwischen Telephon, vor dem ersten Fenster ein großer Schreibtisch mit hohen Aktenstößen; Lehnstuhl, Papierkorb. Rechts in der Ecke ein hohes Pult. Im Hintergrunde an der Wand rechts Eisenbahnkarte, Wandkalender; davor Waschtisch mit Wasserleitung. im Hintergrunde an der Wand links eine Bibliothek. Links vorne ein Archiv mit Akten; daneben ein Pult; in der Ecke hoher Kachelofen. In der Mitte runder Tisch mit Cigarrenkistchen; Fauteuils. Auf dem Schreibtisch rechts Studierlampe, über dem runden Tische in der Mitte Hängelampe, auf dem Pult links 2 rote Kerzen. Wenn die Thüre im Hintergrunde geöffnet wird, sieht man die Schreiber in der Kanzlei an der Arbeit.

Gustav: Und das ist alles noch Müller u. Naumann? (Er schüttelt verzagt den Kopf.)

Hannsen: (welcher von dem Pult in der Ecke rechts Akten nach Schreibtische trägt) Jawohl Herr Rechtsanwalt! Alles Müller u. Naumann.

Gustav: (indem er die Feder wegwirft und mit einer nervösen Geste nach dem Kopfe durch das Zimmer läuft) Und — ah ah! — diese abscheulichen — machen Sie wenigstens die Laden zu. Ich kann das grelle Licht nicht vertragen. (Er geht nach der Wasserleitung, trinkt, befeuchtet sein Taschentuch und reibt sich die Stirne.)

Hansen: Laden zu. Ja wohl, Herr Rechtsanwalt. (Er schließt die Fensterladen.)

Gustav: (indem er sich wieder an den Schreibtisch setzt) Also das andere alles an den Referendar. Ich bin für niemanden zu sprechen. Wohl verstanden, für gar niemanden — unter gar keinem Vorwande: ich habe meine Migräne. (Auf die Akten deutend) Sonst kann ich unmöglich fertig werden.

Hannsen: Für niemanden zu sprechen, Migräne. Jawohl, Herr Rechtsanwalt! (Ab durch die Thüre im Hintergrunde)

Gustav: (schreibt einige Zeilen, hält inne, seufzt, geht wieder nach der Wasserleitung und netzt sein Taschentuch, um sich die Stirne zu kühlen. Dann kommt er zurück. Kleine Pause).

Rieke: (durch die Thür links) Hier sind die Stiften für die Migräne, Herr Rechtsanwalt —

Gustav: Geben Sie —

Rieke: Und auch das Antipyrin — aber nehmen Sie man blos um Gotteswillen nicht zu viele. Es geht gleich auf den Verstand, sagt der Apotheker.

Gustav: (ungeduldig) Schon gut, schon gut!

Rieke: Und es nutzt Sie ja doch nicht! Das sitzt tiefer! Das muß sich langsam 'rauswachsen.

Gustav: (grob) Machen Sie, daß Sie weiter kommen.

Rieke: (im Abgehen, indem sie sich an der Stirne kratzt) Is ja auch kein Wunder! Natürlich muß das krabbeln — und sowas nennt sich dann anständige Frau! (Ab durch die Thüre links).

Gustav: (nimmt eines der Pulver, legt den Stift neben sich und arbeitet mühsam weiter. Kleine Pause).

Hannsen: (durch die Thüre im Hintergrunde) Verzeihen Herr Rechtsanwalt — aber es ist nämlich der Herr Bildhauer Gude.

Gustav: (zornig) Himmel Herrgott noch einmal — ich habe Ihnen doch ausdrücklich gesagt —

Hannsen: Aber der Herr Rechtsanwalt kennen doch den Herrn Bildhauer. Da ist alles umsonst. Er sagt einfach Paperlapap und schiebt einen weg.

Gustav: Sagen Sie, daß ich krank bin; sagen Sie, daß ich gar nicht hier bin, sagen Sie —

Hans: (in eleganter Promenadentoilette durch die Thür im Hintergrunde) Nur keine Aufregung! (Zu Hannsen mit einer Geste nach der Thür) Verschwinden 'S!

Hannsen: (durch die Thür im Hintergrunde ab).

Hans: (indem er langsam in den Vordergrund kommt und Gustav lächelnd betrachtet) Servus — Na?

Gustav: (kommt ihm entgegen; verlegen, da er seinen fragenden Blick versteht) Ah — Du meinst — wegen gestern? Es war — es ist sonst wirklich nicht meine Art, Du kennst mich doch — ich weiß gar nicht, wie mich die paar Glas Burgunder gleich so — es muß der Ärger vorher gewesen sein.

Hans: Es war jedenfalls ein wunderschöner Affe — ein wahres Prachtexemplar — erste Klasse mit Eichenlaub!

Gustav: (ärgerlich) Ich bitte Dich: Affe, Affe — was das gleich wieder für Ausdrücke sind! — Es war ein häusliches Zerwürfnis, ein häusliches Mißverständnis, das heißt — Du bist eben nicht verheiratet, Ihr könnt das nicht verstehen.

Hans: (indem er es sich an dem Tisch in der Mitte bequem macht) Na — wenn's nur wieder gut ist.

Gustav: Bis auf eine sehr heftige Migräne — mein üblicher nervöser Kopfschmerz — und leider habe ich gerade heute bis über die Ohren zu thun. Schau, nicht wahr, Du nimmst mir's nicht übel, aber Du kommst mir jetzt eben schrecklich ungelegen. Du mußt mich diesmal schon entschuldigen.

Hans: (indem er eine von den Cigarren aus der Kiste nimmt) Es wird gar nicht lange dauern. Wir sind gleich fertig.

Gustav: (indem er ihm eilig die Cigarre aus dem Munde wegnimmt und aus der Lade seines Schreibtisches eine andere Kiste holt, die er ihm anbietet) Um Gotteswillen — Du wirst doch nicht — hier bitte!

Hans: (verwundert, indem er auf die Kiste auf dem Tische zeigt) Was ist's denn mit diesen da?

Gustav: Die sind ja doch für die Klienten!

Hans: (erschreckt die Kiste wegschiebend) Um Gotteswillen!

Gustav: Aber jetzt, schau — es geht jetzt wirklich nicht! Ich habe nicht eine freie Minute.

Hans: Es muß aber sein. Es muß jetzt gleich sein: denn wenn ich es Dir jetzt nicht sage, im ersten

Drange des Entschlusses, dann sage ich Dir's nie, weil ich Dir's ja eigentlich lieber überhaupt nicht sagen möchte — und das würden wir später alle beide einmal bereuen.

Gustav: (mit einem verständnislos fragenden Blick) Ja, wie denn? Was denn? Wovon redst Du denn überhaupt?

Hans: (sehr ruhig, ein klein wenig zögernd) Es handelt sich nämlich — weißt' — es handelt sich um die Dame — die Dame von gestern bei mir — weißt Du, wer die Dame war?

Gustav: (schon wieder am Schreibtisch, zerstreut) Welche Dame? — Ah, die Dame hinter der spanischen Wand? (Gutmütig) Aber mein Gott, deswegen brauchst Du Dich wirklich nicht weiter zu entschuldigen. Du weißt, ich billige Deinen ganzen Styl von Leben nicht — Du solltest für derlei Abenteuer doch schon zu alt und zu vernünftig sein. Wir haben ja oft genug davon gesprochen. Aber endlich bist Du Dein eigener Herr und magst handeln, wie es Dir gefällt. Es geht mich ja schließlich gar nichts an.

Hans: Es geht Dich in diesem Falle vielleicht doch etwas an: denn es war Deine Frau.

Gustav: (springt vom Sessel auf, dreht sich rasch nach Hans um und sieht ihn einen Moment starr an; dann sagt er ärgerlich geringschätzig) Und für solche dumme Späße störst Du mich in meiner Arbeit?

Hans: Die Dame gestern bei mir hinter der spanischen Wand —

Gustav: (ungeduldig, bestimmt) Mein lieber Hans, sei so gut, es giebt gewisse Dinge, in denen ich keinen Spaß verstehe.

Hans: War Deine Frau — mein Wort darauf!

Gustav: (steht einen Moment regungslos; dann geht er mit großen Schritten quer über die Bühne und will nach der Thüre links)

Hans: (ihm den Weg verstellend) Was ist denn? Was willst Du?

Gustav: (mit ausbrechender Wut) Zu ihr! Und Euch dann alle beide —

Hans: (immer sehr ruhig) Aber das kannst Du ja später auch noch! Hör' mich doch erst weiter!

Gustav: (aufbrausend) Wir haben einander nichts mehr zu sagen! — (Er geht in großer Erregung nach dem Hintergrunde, wendet sich dort um und wiederholt) Wir haben einander nichts mehr zu sagen! (Indem er sich an den Kopf greift, als ob er es noch immer nicht fassen könnte, und sich in einen Fauteuil am Tische in der Mitte wirft) Ah — ah — und ich habe Euch so felsenfest vertraut!

Hans: Ja, das ist immer ein Fehler. Das soll man nie.

Gustav: (sieht ihn mit einem starren Blicke tief an, schüttelt langsam den Kopf und bricht, indem er die Hände über dem Gesicht zusammenschlägt, in ein heftiges Schluchzen aus).

Hans: (indem er nach einer kleinen Pause hinter den Fauteuil Gustavs tritt) Aber schau, Gustl! Sei doch nicht so dumm! Wenn nicht alles in allen Ehren abgelaufen wäre —

Gustav: Willst Du mich auch noch verhöhnen?

Hans: Aber Kind — da wüßte ich mir doch wahrhaftig was besseres, als zu Dir zu kommen und uns bei Dir zu verklagen! Ich habe in solchen Dingen doch einige Praxis (da er sieht, daß das Argument wirkt) Na also! Aber es ist nichts geschehen — es ist wirklich nicht das Mindeste geschehen. Sie war gestern bei mir und wir haben ein Rendezvous für morgen. Verhindere, daß sie es hält. So. Jetzt kann ich eigentlich wieder gehen.

Gustav: (der mit gequälter Aufmerksamkeit zugehört hat, macht eine flehentliche Geberde, um Hans zurückzuhalten) Du — (einhaltend und kopfschüttelnd, als ob er das rechte Wort nicht fände; dann plötzlich, indem er aufspringt und mit einer advokatorischen Geste die beiden flachen Hände vorstreckt) Jedenfalls — jedenfalls liebt sie mich nicht mehr. Das steht einmal fest.

Hans: Ach, red' keinen solchen Stiefel! Sie liebt Dich noch genau wie am ersten Tage — mehr als Du es verdienst. Und das ist Dein Glück — sonst würde ich mich nicht so lange bedenken. Aber mir ist leid um sie — um sie, nicht um Dich.

Gustav: Aber sie war doch bei Dir! Sie war doch heimlich bei Dir! Sie war bei Dir versteckt! Sie liebt mich nicht mehr! Sie liebt mich nicht mehr!

Hans: (indem er nervös mit den Fingern zu schnalzen und zu trommeln beginnt, ungeduldig) Wenn Du einen nur ausreden ließest! Merkst denn nicht, daß ich Moral pauken will? Das ist doch an und für sich schon ein Ereignis, das eine gewisse Feierlichkeit verdient! Aber Du hörst mich ja gar nicht an!

Gustav: Was giebt's denn da noch zu hören, wenn sie Dich liebt — und mich liebt sie nicht mehr!

Hans: (indem er ihn am Knopfe seines Rockes packt, ungeduldig docirend) Ich habe ihr den Hof gemacht, wie das einmal so Herkommen und Brauch ist — verstehst? Und auch aus Mitleid mit ihr und aus Ärger über Dich und dann dachte ich auch: wenn schon, denn schon — immer noch besser ich als ein anderer.

Gustav: Und so ist sie Dir denn am Ende zugelaufen und hat sich Dir an den Hals geworfen — natürlich!

Hans: Natürlich! Was wollte das arme Geschöpf denn thun? Bei Dir langweilte sie sich ja zutode. Merkst Du endlich die Moral von der Geschichte? Es ist ja alles so sonnenklar, so notwendig, so logisch — bis auf die dumme Rolle, die ich dabei spiele, aber mein Gott, man hat so seine schlechten Tage, auch bin ich gerade anderwärts versorgt und es war bei der ganzen Sache wenig Ehre zu holen: mich reizen blos die schwierigen Fälle. Eine Schande wird's für mich ja immer bleiben. (Kurze Pause).

Gustav: Aber — aber was — was soll jetzt geschehen?

Hans: Ja mein lieber Freund, das mußt Du wissen! Das ist jetzt Deine Sache! Ich konnte mich natürlich viel bequemer aus der Affaire ziehen ohne Deinen Beistand. Du brauchtest gar nicht derangirt zu werden. Aber dann hätte sie sich einen andern gesucht — und das war mir wieder unangenehm, dazu bin ich wieder zu neidisch. Darum habe ich mich entschlossen, es Dir zu sagen, wie's mit ihr steht.

Aber jetzt ist es an Dir, zu handeln und Ordnung zu schaffen.

Gustav: (nach einer kleinen Pause, in der er mit großen Schritten durch das Zimmer wandelt, während ihn Hans beobachtet) Es bleibt nichts übrig, als Scheidung.

Hans: (ärgerlich) Ja freilich! Hauen sollte man Dich! Das wär' gescheiter.

Gustav: Du — Du hast vollkommen korrekt gehandelt — und endlich bist Du überhaupt ein Mann, da liegt die Sache ganz anders! Aber sie (indem er aufs neue in Wut gerät) sie, sie, sie! Ich finde ja gar keine Worte! Und selbst bei der mildesten Auffassung und wenn ich auch alles Mögliche zu ihrer Verteidigung und Entschuldigung gelten lasse — das eine bleibt doch immer gewiß, daß sie mich nicht mehr liebt und es giebt nichts anderes als Scheidung.

Hans: Na, wie Du meinst — und wenn Dir das so leicht wird! — Weißt was? ... dann übernehme ich sie.

Gustav: (wütend auffahrend) Hans!

Hans: Na bitte — das geht Dich dann überhaupt gar nichts mehr an. Das ist dann unsere Sache.

Gustav: (der nicht weiß, was er thun und sagen soll, endlich mit einem Seufzer aus der tiefsten Seele) Ach, ach — warum hast Du es mir überhaupt gesagt!

Hans: Hätte ich Dich lieber betrügen sollen?

Gustav (verzweifelt): Ich würde es dann wenigstens nicht wissen!

Hans: Das hat man davon.

Gustav: Und wenn sie mich nicht mehr liebt, dann ist ja alles aus, dann ist ja alles aus; o dann bleibt nichts übrig, als Scheidung — was soll ich denn sonst thun?

Hans (rasch, ärgerlich, indem er aufspringt): Eine Maitresse nehmen — das wär' wirklich noch das Gescheiteste! Deine Frau soll Dir eine Maitresse nehmen!

Gustav: Ah, mit Dir ist ja nicht zu reden!

Hans (ruhiger, sehr eindringlich): Eine Maitresse nehmen — Stunden bei einer Maitresse nehmen, wenn Du lieber willst, damit Du endlich einmal eine Ahnung von den Weibern bekommst! Sonst wirst Du das arme, kleine Frauerl wirklich noch vollends verderben.

Gustav (der ihn hilflos ansieht): Aber — aber — das heißt doch gar nichts! Kannst Du denn keinen Augenblick von Deinen Späßen lassen?

Hans: Ich meine es im vollen Ernste. Mir ist gar nicht zum Spaßen. Ich überzeuge mich immer mehr und mehr, daß es für eine junge Frau gar kein größeres Unglück geben kann, als wenn der Mann — wie soll ich nur sagen? — als wenn der Mann keine Vergangenheit hat, wenn ihm wie Dir die gute Vorschule und Dressur der gewissen kleinen Verhältnisse fehlt, die Erziehung zur Ehe durch das cabinet particulier — man läßt da freilich manches Haar, aber wenigstens lernt Einer die süßen Ungeheuer behandeln. Und das fehlt Dir, das fehlt Deiner Ehe, das fehlt Deiner Frau, darum, wenn sie klug wäre, würde sie Dich für ein halbes Jahr einer Maitresse übergeben, um Dich abrichten zu lassen.

Gustav (indem er sich den Kopf hält): Das ist ja lauter so wirres und verdrehtes phantastisches Zeug, daß Einem ganz angst und bange wird!

Hans: Kein Mensch kann reiten, wenn er es nicht gelernt hat, da hilft alles Talent nichts. Du bist in der Liebe niemals longirt worden — und jetzt sollst Du auf einmal mit diesem Vollblut fertig werden! Natürlich geht das nicht, natürlich weißt Du Dir keinen Rat, natürlich machst Du sie blos verrückt! Aber daran denkt niemand! Alles Mögliche wird gelernt, nur das Schwierigste, die Liebe — da pfuscht jeder so auf gut Glück herum.

Gustav: Aber das ist ja alles Wahnsinn, der reine Wahnsinn! Oh, oh! (er hält sich den Kopf) — und gerade heute muß mir das auch noch passieren —

Hans: Du mußt Dir darüber klar werden. Du mußt Deine Fehler erkennen, Du mußt begreifen, wie Du mit dem besten Willen der redlichsten Liebe dahin kommen konntest, die arme kleine Frau ganz kopfscheu und verdreht zu machen und in allerhand zweideutige und schmutzige Abenteuer zu treiben.

Gustav: Ich, ich — ich habe sie —? Ah, da hört aber doch schon alles auf! Ich habe sie —

Hans: Jawohl! Du, Du, Du! Niemand Anderer als Du! Du ganz allein.

Gustav: Ich habe sie doch so unendlich geliebt! (ausbrechend) Ach, Du weißt ja gar nicht, wie unsäglich ich sie liebe!

Hans: Das ist ja recht schön — aber was kauft sie sich dafür? Da hat sie was Rechtes davon — von dieser großen, unsäglichen, wortlosen Liebe tief in Deiner Brust! Unterhalten will sie sich, genießen, glücklich sein! Liebe Du sie ein bißchen weniger und amüsiere sie ein bißchen mehr — darauf kommt's an.

Gustav: Aber, aber, aber —

Hans: Darauf kommt's an. Glaub' Du mir, mein Freund. Ich kenne die Frauen. Sie sind wie die Kinder, und wie die Kinder muß man sie behandeln: spielen, Zuckerln geben, beschäftigen — beschäftigen und belustigen. Wenn eine Frau einmal nachdenkt, dann ist sie schon verloren; eine Frau sich selbst überlassen, das heißt, sie ihrem schlimmsten Feinde überliefern.

Gustav (fassungslos): Nein, nein — wenn das wirklich so wäre — das wäre ja geradezu entsetzlich!

Hans (leicht, gutmütig): Ach geh! So tragisch darfst Du's nun auch wieder nicht nehmen. Die Frauen sind weder so gut noch so schlecht, wie wir denken — sie sind blos anders. Es steckt ja auch wieder in einer jeden ein so reicher Segen von Güte und Anmut, — man muß es nur verstehen, ihn erst durch allerhand Künste und Kniffe herauszukitzeln. An und für sich ist eine Frau gar nichts — aber man kann alles aus ihr machen. Sie thut gar nichts — aber sie läßt alles mit sich geschehen. Und darum, wenn ich von einer Frau was Schlimmes höre, dann denke ich immer blos: den Mann sollte man prügeln.

Gustav (sich den Kopf haltend): Das ist ja lauter so extravagantes Zeug — andere Leute kennen doch die Frauen auch, aber auf solche Ideen ist noch keiner gekommen.

Hans: Du siehst ja auch die Folgen überall Schau Dir nur einmal die Ehen an — rings um Dich! Und immer durch die Schuld des Mannes — immer durch die Schuld des Mannes! Die Frauen sind ja Engerln — einfach Engerln; aber freilich, selbst in der besten ist irgendwo ein kleines Meerschweinchen versteckt — man könnte das Meer auch weglassen. So lange das beschäftigt ist, in seinem Winkel bleibt und Ruhe giebt, geht alles ganz famos. Aber wehe, wenn das Meerschweinchen nervös wird! Dann ist es schon aus. Man muß das Meerschweinchen bei guter Laune halten!

Gustav: Ja aber — wenn das so wäre — was soll man denn dann thun?

Hans: Nett sein, lieb sein, immerfort spielen und schön thun, täglich aufs neue um sie werben und sie täglich aufs neue erobern — mit einem Worte: Du mußt mit Deiner Frau ein Verhältniß anfangen. Das ist der ganze Witz!

Gustav: (nachdenklich) — das ist ja alles recht schön, aber — wenn ich nur wüßte: Wie macht man denn das eigentlich?

Hans (zögernd): Ja, das — schau, das müßtest Du Dir nun wirklich von einer kleinen Maitresse erklären lassen. Das ist zwischen Männern ein etwas heikles Thema. Es läßt sich nicht so — (nachdenklich langsam) aber — zum Beispiel, nur so als Beispiel, das mir gerade einfällt: Hast Du Deiner Frau schon einmal so ein gewisse Geschichte erzählt, weißt, eine von jenen Geschichten, die man eigentlich nicht er=

zählt? Hast Du ihr jemals gewisse Bilder gezeigt, eines von jenen Bildern, die man eigentlich nicht zeigt? Ist Deine Frau schon einmal vor der Verwegenheit Deiner Küsse errötet? Siehst Du, das wären so ein paar Fingerzeige für den Anfang — der natürliche Takt muß Einem das geben.

Gustav (traurig, kopfschüttelnd): Mir scheint, das werde ich wohl nie lernen. Dazu habe ich gar kein Talent.

Hans: Du mußt es halt einmal versuchen. Es wird schon gehen. Stell' Dir blos immer vor: es sei nicht Deine Frau, sondern die Frau eines Anderen und danach mußt Du sie behandeln. Das ist doch eigentlich sehr einfach — (Er steht auf und schickt sich zum Abgehen an.) Na, nun weißt Du meine Meinung, und nun magst Du thun, was Dir gefällt.

Gustav: Mir ist das alles noch wie ein böser Traum, aber — ich will zunächst einmal zu ihr, das wird das beste sein. Ich will einmal ernst mit ihr reden.

Hans: Meinetwegen — das wird ihr jedenfalls Spaß machen.

Gustav: Ich will es ihr einmal ordentlich sagen. Ich kann ja noch immer nicht glauben, daß sie ganz verloren ist. Man muß es ihr nur zu Gemüt führen.

Hans: Na ja — wie Du halt meinst. Schaden kann das ja nicht viel — aber denke ein bißchen nach, überleg' Dir das noch ein bißchen: fang mit Deiner Frau ein Verhältniß an. Du wirst auch sehen, es ist sehr amüsant! Du wirst Dich selber sehr wohl dabei befinden. (Er nimmt Hut und Stock.) Es bleibt doch heut Abend bei der Première?

Gustav: Ja, natürlich —

Hans: Ich komme Euch abholen.

Gustav: Ja und dann — weißt Du — ich möchte noch gerne ausführlicher darüber sprechen. Mir ist von alledem noch so wirr —

Hans: Aber mit Wonne! So viel Du willst! Aber jetzt habe ich Dich lange genug gestört. (Er giebt ihm die Hand.)

Gustav: Adieu, auf Wiedersehen! (Er bleibt im tiefen Nachdenken stehen; wie Hans an der Thüre ist, ruft er ihm nach, indem er ihm nachgeht.) Ja — ich muß Dir ja noch danken! Es war sehr schön von Dir. Du hast Dich wirklich als ein wahrer Freund bewährt.

Hans (schon an der Thüre, leichtfertig): Aber ich bitte Dich — lächerlich! Alles nur aus Rücksicht auf mich selbst. Ich kenne diese Scheerereien mit den verheirateten Frauen. Weißt, wenn man sich genug tief hinein verlumpt hat, dann kommt man auf einmal auf der anderen Seite wieder bei der höchsten Moral heraus. Man wird eben alt. Na, Servus — auf heute Abend! (Ab durch die Thüre im Hintergrunde.)

Gustav (steht eine Weile und sieht ihm sinnend nach; dann wendet er sich nach der Thür links, hält aber unschlüssig inne und sieht nach dem Schreibtisch. Endlich geht er schwerfällig nach dem Schreibtische und sagt seufzend, indem er seine Akten aufschlägt): Müller und Neumann! Müller und Neumann!

(Der Vorhang fällt.)

Vierter Akt.

Anna's Boudoir. Lachsfarbene Tapete. Im Hintergrunde Alkoven mit Bett, der durch ein Gehänge aus olivengrünem Plüsch verdeckt ist. Links kleine Thür mit Draperie aus olivengrünem Plüsch. Weiter vorn Kamin mit Uhr und Spiegel; davor lachsfarbene Chäiselongue mit Fellen; kleines Tischchen mit Modezeitungen und einem gelben, französischen Roman; Gueridon-Lampe, die brennt. In der Mitte ein kleiner Tisch mit lachsfarbenen Vis-à-vis und Causeusen, darauf Lampe mit rosa Schirm, die brennt. ı der Ecke rechts ein erhöhter kleiner Plauderwinkel am Fenste., Blumen, Schaukelstuhl mit Fellen. Das Fenster mit einer Draperie aus olivengrünem Plüsch. Rechts vorne, in die Wand eingelassen, ein Triptychon aus Silber in der Form eines gothischen Altars, das drei Spiegelfelder enthält; hohe Gneridonlampe, die brennt. Davor Anna in Soirée-Toilette, Rieke im Begriffe, ihr den Schmuck aufzustecken.

Anna (ärgerlich): Aber nicht so! Sie sind schrecklich ungeschickt. Geben Sie!

Rieke: Aber es muß doch zuerst — (Es klopft.)

Anna: Nein, Sie haben mich ja gar nicht verstanden. (Sie löst ärgerlich den Schmuck aus den Haaren.)

Rieke: Es hat geklopft, gnädige Frau! (Es klopft nochmals.)

Anna (nervös): So sehen Sie doch nach! Was ist denn nur schon wieder?

Rieke (geht nach der Thüre links): Wer ist's?

Gustav (draußen ungeduldig): Machen Sie auf! ich bin es.

Rieke: (an der Thüre indem sie fragend nach Anna sieht) Es ist der Herr Rechtsanwalt.

Anna: (am Spiegel rechts, indem sie fortfährt den Schmuck zu probieren, nach der Thür rufend) Ich bin noch nicht fertig. In einer halben Stunde. Es kann ja kaum sechs sein.

Gustav: (draußen heftig) Sie sollen aufmachen Rieke!

Rieke: (brummend) Na — was hat er denn? (Sie öffnet.)

Anna: (indem sie sich halb umdreht immer noch mit ihrem Schmuck beschäftigt, ärgerlich) Was ist denn das überhaupt für ein Ton? Das möcht ich mir doch ausbitten.

Gustav: (indem er eintritt ohne auf Anna zu achten zu Rieke) Gehen Sie. Die gnädige Frau wird ihre Toilette allein vollenden.

Anna: (mit einer raschen Wendung) Wer sagt denn das? fällt mir gar nicht ein.

Gustav: (zu Rieke) Na, haben Sie gehört? Wie oft soll ich denn — (Rieke sieht verwundert auf Anna und geht dann kopfschüttelnd durch die Thüre links ab.) Ich habe mit Dir zu reden.

Anna: (mit kindischem Trotz und Ärger, ungezogen, indem sie den Schmuck heftig wegwirft) Es paßt mir jetzt aber nicht — ich kann Dich jetzt nicht brauchen. Ich bin noch nicht fertig. Wir kommen sonst zu spät ins Theater.

Gustav: (sehr ruhig indem er mit großen Schritten auf und abgeht) Kommen wir zu spät.

Anna: Das ist eine Unart. Das thue ich nicht. Ich bin nicht unartig — da geh ich lieber überhaupt nicht.

Gustav: (sehr ruhig) Also gehst Du überhaupt nicht.

Anna: (mit einer Wendung sprachlosen Erstaunens, indem sie rasch das Kleid zusammenrafft und mit einer jähen Schwenkung auf ihn losfährt.) Nun sei aber so gut — jetzt möcht ich doch endlich — was soll denn das überhaupt heißen? (Sie tritt Gustav gegenüber und mißt ihn von oben)

Gustav: (indem er seine Wanderung unterbricht, und ihr gegenüber stehen bleibt) Du wirst es gleich hören.

Anna: (indem sie geringschätzig die Lippen rümpft) Wenn Du vielleicht meinst, daß mir das imponiert —

Gustav: Ich habe mit Dir zu reden.

Anna: Daß hast Du mir schon einmal erzählt.

Gustav: Ich habe ernst mit Dir zu reden.

Anna: Hast Du vielleicht mit mir schon einmal anders als ernst geredet? (indem sie ihm verächtlich den Rücken ehrt und nach dem Spiegel geht) das ist ja eben das Malheur.

Gustav: (Mit einem gesucht feierlichem Tone) Ich weiß Alles.

Anna: (wieder vor dem Spiegel beschäftigt) Das ist schön von Dir. Da kann man Dir nur gratuliren. Leider weiß ich vorläufig noch immer gar nichts.

Gustav: (wie oben) Hans war bei mir. Er hat mir Alles gesagt.

Anna: (indem sie sich verblüfft mit einem Rucke umwendet, den Schmuck in der ausgestreckten linken Hand) Wa — das ist ja doch — (sich fassend, kurz, bestimmt) Was hat er Dir gesagt?

Gustav: Alles! Alles das zwischen Euch! Euer ganzes Verhältnis.

Anna: Na der ist auch schön dumm! Ihr seid einander würdig. (Sie wirft den Schmuck weg und geht in nervöser Erregung nach der Chaiselongue) Ah Ah — und das ist die berühmte Diskretion der Männer.

Gustav: Das ist alles, was Du mir zu entgegnen hast? Rechtfertige Dich!

Anna: (Nach einer kleinen Pause, indem sie von der Chaiselonge aufsteht) zunächst — wie ist das nun eigentlich, wird ins Theater gegangen oder wird nicht gegangen? Ich frage blos — ich muß es nur wissen.

Gustav: (durch die Frage ein wenig verwirrt, indem er nicht gleich den rechten Ton zu finden weiß) Warum soll denn nicht gegangen werden? Die Loge ist doch einmal genommen.

Anna: (indem sie wieder nach dem Spiegel geht) Dann wirst Du auch gnädigst gestatten, daß ich meine Toilette vollende. Ich kann doch nicht nackt ins Theater (Sie nimmt wieder den Schmuck, während Gustav verblüfft auf sie sieht und nicht weiß, was er sagen soll) Du magst dabei ganz ungestört predigen, ich höre ja doch nicht zu.

Gustav: (Sieht erst ratlos auf sie und geht dann unschlüssig einige Male im Zimmer auf und ab; endlich nach einer Pause, indem er hinter ihren Sessel tritt, mit leise bekümmerter Stimme) Anna!

Anna: (mit ihrem Schmuck beschäftigt, gleichgültig) Ja!

Gustav: (noch sentimentaler) Anna!

Anna: (ärgerlich schreiend) Ja ich höre ja schon! Was ist denn?

Gustav: Ich kann es noch immer nicht glauben.

Anna: Ja wer verlangt denn das von Dir? Glaubs halt nicht!

Gustav: Du mußt doch einsehen. —

Anna: (Ganz mit ihrer Toilette beschäftigt, gleichgültig) Ja natürlich.

Gustav: (erfreut) Du siehst also selbst ein?

Anna (wie oben) Ja natürlich.

Gustav: Du giebst selbst zu. —

Anna: Nein zugeben nicht! Ich gebe überhaupt nichts zu.

Gustav: (heftig) Ich will wissen wie es war — die Geschichte mit Hans!

Anna: immer in demselben gleichgültigen Tone) Ein Narr war er! Das ist doch klar! — (indem sie auf einen kleinen Handspiegel deutet) Geh, sei so gut, halt mir einmal den Spiegel! (Gustav nimmt zögernd den Spiegel) So — noch etwas höher! Ich werde es doch lieber ein Bischen umbiegen, mehr auf die Seite, — was meinst Du?

Gustav: (Ungeschickt, während er den Spiegel hält, aber doch das Gespräch fortsetzen möchte) es muß. —

Anna: Aber wakle doch nicht so, — ich kann ja nicht sehen.

Gustav: (heftiger, eindringlich) Es muß klar werden zwischen uns.

Anna: (indem sie den Schmuck wieder anders steckt) oder doch lieber so! Es ist doch eigentlich hübscher. Nicht!

Gustav (indem er wüthend aufspringt) ich lasse mich nicht länger von Dir narren. (Er wirft den Spiegel weg, der zerbricht)

Anna: (sehr gelassen, indem sie vorwurfsvoll zu ihm empor sieht) So jetzt kannst Du einen neuen kaufen (indem sie behutsam die Scherben aufliest) Das ist die ganze Geschichte doch wahrhaftig nicht wert.

Gustav: (sehr heftig) Ich lasse mich nicht länger von Dir narren. Ich verlange endlich Antwort. Rechtfertige Dich!

Anna: (indem sie die gesammelten Scherben auf das Tischchen wirft, dann sich zu Gustav wendend, hoch aufgerichtet, sehr gelassen und kalt) Also ernst? Schön — wie Du willst. Aber sieh zu, daß Du es nicht am Ende bereust!

Gustav: Ich bitte Dich — keine Redensarten.

Anna: (mit innerer Wut) Du hast ihm geglaubt? Du hast ihm nicht die Thüre gewiesen? Du hast mich nie geliebt!

Gustav: Ah — jetzt willst vielleicht Du noch mir — es wird immer schöner!

Anna: (mit wachsender Wut) Ja, ich will Dir — denn es ist eine Infamie ohne gleichen, eine anständige Frau —

Gustav: Eine anständige Frau, die bei fremden Männern hinter spanischen Wänden herumkugelt —

Anna: Gerade davon solltest Du lieber nicht sprechen! Gerade daran solltest Du mich nicht erinnern — denn ich habe Dich dort in einem Zustande gesehen — Oh, es hat mich angewidert! Ein Mann, der sich so tief erniedrigt, verwirkt das Recht —

Gustav: Du thust ja gerade, als wärest Du darauf hin erst zu ihm gegangen. Du warst doch schon dort —

Anna: (ungeduldig) Aber das war doch wegen der Cigarette — also auch wieder durch Deine Schuld!

Gustav: Eine Cigarette —

Anna: Du suchst umsonst Dich auszureden und die Schuld von Dir zu wälzen. Es soll Dir nicht gelingen, die Sache zu verdrehen.

Gustav: Eine verweigerte Cigarette ist doch wahrhaftig kein Grund —

Anna: Natürlich! Dem Manne ist ja alles erlaubt — jede Willkür, jedes Unrecht — die Frau muß stumm dulden und leiden! (Mit einem Aufschrei) Ah, es ahnt ja niemand, was ich gelitten habe.

Gustav: (verblüfft, indem er sich mit einem raschen Rucke wendet) Du hast auch — Du hast gelitten?

Anna: (Bitter) Du hast es freilich nicht bemerkt. Du hast ja blos Augen für Deine Kanzlei!

Gustav: (immer verwunderter, fassungslos) Du hast gelitten?

Anna: (bitter, höhnisch) Ich war ja albern genug, Dich zu lieben — zu betteln um Deine Liebe, um ein gutes Wort, einen guten Blick von Dir! Du hast es freilich nicht bemerkt! Du hattest ja keine Zeit — Du hattest ja immer zu thun!

Gustav: (der sprachlos und beschämt vor ihr steht und es gar nicht zu glauben wagt) Anna! und da — und darum — darum hast Du —

Anna: Darum habe ich Dich eifersüchtig machen wollen — mit Hans. Aber Du hast es gar nicht bemerkt! Dazu hättest Du mich ja lieben müssen. (Sie bricht in ein heftiges stilles Weinen aus).

Gustav: (plötzlich in seiner Wanderung verblüfft einhaltend, indem er sich fragend an den Kopf faßt und sie verwundert mit offenem Munde anstarrt; mit keimender Freude) Anna, Anna — wenn es möglich wäre!

Anna: (indem sie ihr Weinen gewaltsam bezwingt) Jetzt kann ich es Dir ja sagen — da nun doch alles aus ist.

Gustav: (mit innerem Jauchzen) Wenn es wahr wäre! Nein! Nein — wenn es wahr wäre!

Anna: (bitter) Natürlich ist es nicht wahr! Ich spiele ja blos Komödie, um Dich zu betrügen. Die Frauen sind ja alle so verlogen — hat Dir das Dein Hans nicht gesagt? Er muß Dich doch gewarnt haben.

Gustav: Wenn es — (er tritt vor sie hin und sagt mit tiefem Gefühle) Anna! Kannst Du mir verzeihen? (Er sieht sie demütig an und will ihre Hand fassen).

Anna: (rasch von der Chaiselongue aufspringend, indem sie sich ihm entzieht und wieder nach dem Spiegel geht) Du hast mich zu tief beleidigt!

Gustav: (indem er ihr traurig nachsieht, beschämt, bittend) Anna, ich bin doch so schon bestraft genug. Wenn Du wüßtest, wie es mich gequält hat! (leise bittend, indem er sich ihr scheu nähert).

Anna: (vor dem Spiegel, indem sie über ihre Schultern zurück auf ihn sieht; sie muß lächeln, hat Mitleid mit ihm, geht langsam zu ihm, der zwischen Furcht und Hoffnung bange vor ihr steht und sagt nach einer kleinen Pause) Du bist ein ganz schlechter und alberner Mann und ich sollte wirklich nicht, denn Du verdienst es gar nicht — aber weiß ich denn, warum ich Dir nicht bös' sein kann? (Sie hält ihm mit drolliger Koletterie die Lippen zum Kuße hin) Es ist zu dumm!

Gustav: (indem er sie leidenschaftlich umarmt) Anna!

Anna: (indem sie sich seiner allzu stürmischen Liebkosung entzieht) Gieb auf das Kleid acht!

Gustav: Das abscheuliche Kleid!

Anna: (indem sie sich von ihm losmacht und ihn neben sich auf die Chaiselongue zieht; übermütig) Du — sag' einmal — Du hast wirklich gar nichts gemerkt?

Gustav: (beschämt) Aber —

Anna: Du hast es ganz ernst genommen? Du hast ernsthaft gemeint, daß ich mit ihm — mit ihm — Oh! oh! Wie kann man jemanden blos so einen schlechten Geschmack zumuten?

Gustav: Ach laß das jetzt doch —

Anna: Gerade den Herrn hätte ich mir ausgesucht, der nichts eiligeres zu thun hat, als bei Dir zu klatschen! Ausgerechnet den Herrn! Wenigstens für so dumm solltet ihr einen nicht halten!

Gustav: (beschämt) Aber das soll doch jetzt alles vergessen und vergeben sein.

Anna: Na, wir werden sehen — wenn Du schön brav und artig bist —

Gustav: (glücklich, treuherzig) und es wird wieder alles zwischen uns wie vorher?

Anna: (entschieden, indem sie heftig auffährt und sich zurücklehnt) Ah nein! Da danke ich ergebenst! Ganz im Gegenteil!

Gustav (verblüfft) Ja aber —

Anna: Meinst Du, daß ich vielleicht Lust habe, das alles noch einmal durchzumachen? Da kennst Du mich aber schlecht! Jetzt stelle ich meine Bedingungen! und zwar — (indem sie plötzlich aufspringt, nach dem Tische im Hintergrunde geht, die Decke zurückschlägt und die Lade öffnet) — und zwar schriftlich, geehrter Herr — ja wohl! (Sie nimmt einen großen Bogen Papier und einen langen Bleistift aus der Lade und kommt wieder nach vorne.) Das ist eine famose Idee! Es wird ein ordentlicher Contrakt gemacht — denn was man schwarz auf weiß besitzt —

Gustav: Aber das ist doch kindisch —

Anna: Fängst Du schon wieder an? Du! Du! Das ist gleich Paragraph 1! Das Hofmeistern hört sich mit dem heutigen Tage überhaupt auf. (Sie beginnt sehr eifrig zu schreiben, indem sie die Wange schief an den rechten Arm lehnt.

Gustav: (ärgerlich) Kannst Du denn nicht eine Minute ernsthaft bleiben! Ich hätte Dir gerade jetzt so vieles zu sagen!

Anna: (schreibend) Ueberhaupt auf! (Sie steckt den Bleistift in den Mund und macht ihn naß) Paragraph 2. —

Gustav: (nervös) So nimm doch wenigstens den Bleistift nicht immer in den Mund! Ich habe es Dir schon so oft gesagt. Es sind Fälle von Vergiftung —

Anna: (absichtlich an den Blei ist lutschend) Parapraph 2. Das Mißtrauen sowie ganz besonders das dumme Gerede von der häuslichen Frau wird abgeschafft — wird abgeschafft. (Gustav beginnt ärgerlich und nervös durchs Zimmer zu laufen.) Paragraph 3. — Wart nur, es wird mir schon noch was einfallen — noch eine ganze Menge.

Rieke: (durch die Thür links eintretend, meldend) Der Herr Bildhauer ist im Salon.

Gustav: Wir lassen bitten. (Rieke links ab.)

Anna: (indem sie heftig aufspringt und den Bleistift wegwirft mißmutig) Ah!

Gustav: Was hast Du denn?

Anna: Er ist mir jetzt unangenehm. (Mit einem zärtlichen Blick) Wir waren so schön allein. Und er wird wieder ganz dieselben Witze machen —

Gustav: Aber das ist doch —

Anna: Schick ihn fort! Ich mag jetzt nicht ins Theater.

Gustav: Aber das geht doch nicht! Er hat sich gerade in dieser Affaire so schön und freundschaftlich benommen. —

Anna: (geringschätzig) Geschmacksache! Ueber Delicatesse läßt sich nicht streiten. Fühlst Du denn nicht, wie peinlich es ist, daß sich ein Fremder zwischen uns drängt?

Gustav: (nachdenklich schwankend) Das ist ja eigentlich wahr, aber —

Anna: Schick ihn fort! Ich mag nicht ins Theater! Er soll sich nur allein mopsen, (Sehr zärtlich, indem sie den Kopf an seine Brust legt) Bitte, bitte, bleiben wir daheim.

Gustav: (indem er sie gerührt umarmt) Du kleine Närrin!

Hans: (durch die Thüre links, wie er die zärtliche Gruppe erblickt, einen Moment verblüfft aber rasch gefaßt, grüßend) gnädige Frau!

Anna: (macht sich von Gustav los und geht nach dem Spiegel ihr Haar zu ordnen)

Hans (indem er Gustav die Hand reicht) Servus — wie geht's? — (indem er nach dem Spiegel zu Anna kommt) Gnädige Frau!

Anna: (indem sie sich umwendet und Hans die Hand reicht, die er küßt, sehr ceremoniell) Nehmen Sie meinen aufrichtigsten Dank, lieber Freund, für das Entgegenkommen und Verständnis, mit dem Sie meine geheimsten Absichten so wirksam gefördert haben.

Hans: (verneigt sich zum Zeichen, daß er die Situation versteht und sagt caritirend) Nehmen Sie meine Versicherung liebe Freundin, daß ich es niemals deutlicher empfunden habe, was ich für ein Esel bin!

Anna: (ceremoniös protestirend) Ah mein Herr —

Hans (indem er sich nochmals verbeugt) Gnädige Frau! — (indem er sich zu Gustav wendet, in seinem gewöhnlichen burschikosem Tone) Na und Du — Du hast ein geradezu unverschämtes Glück. Ich begreife garnicht, was mir da eigentlich eingefallen ist. Es liegt so gar nicht in meinem Charakter —

Gustav: (unangenehm berührt, philisterhaft) Ich bitte Dich — der Ton ist wohl nicht recht am Platze — Ueberhaupt aufrichtig gestanden. —

Hans: (verblüfft) Nun bin ich aber doch begierig

Gustav: Du hast es ja sicherlich sehr gut gemeint — aber nimm es mir nicht übel: es ist ein Bischen unbelikat gewesen.

Hans: (ärgerlich) Nun sei so gut — nun wird es mir aber doch zu bunt.

Gustav: wir tragen es Dir ja gewiß nicht weiter nach —

Hans Nicht? Das ist rührend. —

Gustav: Blos weil gerade davon die Rede ist — (mit komischen Behagen mitleidig von oben herab) daß Du Dir im Ernste einbilden konntest, während sie doch blos mich eifersüchtig machen wollte, — wir Männer sind doch manchmal gar zu thöricht.

Anna: (die die beiden stille beobachtet hat, in ein schallendes Gelächter ausbrechend) Nein, nein — wenn ihr euch Beide im Spiegel sehen könntet — ihr seid zu komisch, alle zwei! —

Hans: (indem er sich an Anna wendet, lustig) Gnädige Frau verzeihen Sie mir wenigstens. Ich werde es nicht wieder thun. Sie können es versuchen.

Anna: Nein, ich danke, ich habe von der ersten Probe gerade genug.

Gustav: Wir können heute leider nicht ins Theater — meine Frau ist nicht ganz wohl — (Er macht eine ungeschickte Geberde.)

Hans: (ironisch) Sie sehen auch etwas angegriffen aus

Anna: Ach es ist gar nicht bedeutend — Ich brauche blos Ruhe —

Hans: (indem er seinen Hut nimmt) Ich verstehe vollkommen.

Anna: (die sich über Hans amüsiert, indem sie nach der Uhr sieht) Die Vorstellung beginnt um 7 Uhr — nicht?

Rieke: (durch die Thüre links, mit einem Leuchter und Hans' Ueberzieher.)

Hans: Und da ist ja auch schon Rieke — Leuchten Sie dem Herrn! Das klappt alles —!

Gustav (ungeschickt indem er ihm seine Cigarrentasche hinhält) Aber nimm doch wenigstens eine Cigarre mit auf den Weg —

Hans: (indem er eine Cigarre nimmt und sie abschneidet) Danke. Ein Bißchen menschliches Gefühl hast Du denn doch noch (Er geht nach der Thüre links um an dem Leuchter Riekens die Cigarre anzuzünden.)

Gustav: (indem er nach vorne rechts an den Spiegel zu Anna kommt, leise) Habe ich es recht gemacht? (Anna lacht, nimmt ihn bei den Ohren und küßt ihn. Sie sprechen leise zusammen.)

Hans: (indem er sich die Cigarre anzündet und Rieke ihm in den Ueberzieher hilft, leise zu Rieke) Du! ich habe schon einen für Dich

Rieke: Der mich aushält?

Hans: Ja! Die Dummen werden nicht alle.

Rieke: Was ist es denn für ein Kerl?

Hans: (indem er auf sich deutet) Ich bin der Kerl.

Rieke: (freudig überrascht) Ah, das ist aber nett!

Hans: Ich gebe die anständigen Frauen auf — Nie wieder.

Anna: (leise zu Gustav) Und schau nur was er für abstehende Ohren hat! Und da hast Du gemeint — Du — Du — (sie pufft ihn übermüthig.)

Hans: (Der seinen Ueberzieher zugeknöpft und die Handschuhe angezogen hat, indem er noch einmal nach der Mitte kommt mit einem Blick auf die zärtliche Gruppe am Spiegel) Es ist rührend! — Gnädige Frau —

Anna: (indem sie ihm die Hand zum Abschied reicht, die er küßt) Adieu lieber Freund. —

Gustav: Adieu!

Anna: Und recht viel Vergnügen!

Hans: Gleichfalls meine Herrschaften!

(Indem sich Hans zum gehen wendet fällt der Vorhang.)

S. Fischer, Verlag, Hofbuchhandlung, Berlin W.

Drei Romane aus dem Circusleben.

Soeben erschienen:

Der

Circus und die Circuswelt.

Von

Signor Domino.

In eleg. buntfarbigem Umschlag Mk. 3,50, hocheleg. geb. Mk. 5,—.

Dieses höchst interessante Buch ist das erste Werk, in welchem das Leben und Treiben der Circuswelt vor und hinter den Coulissen, Sitten, Art und Weise, technische Studien, soziales Leben, sachliche Carrière und romantische Eigenart der wandernden Künstler in geistvoller Weise geschildert wird.

—●—

Wandernde Künstler.

Panorama der Artistenwelt u. des Circuslebens.

Von

Signor Domino.

══ Mit vielen Illustrationen. ══

Eleg. geh. Mk. 3,50.

—●—

Die Brüder Zemganno.

Roman aus dem Circusleben.

Von

Edmond de Goncourt.

Eleg. geh. Mk. 3,50.

Ferner erschien:
G. v. Beaulieu:
Das
weibliche Berlin.

Inhalt:
Die Offiziersfrau. Die Geheimräthin. Die Vereinsdame und die Mäcena. Die Künstlerin. Die Hundstagstantchen. Die „feine Fleischwaarenfrau". Die einzelne Frau. Die Arbeiterin. Die Musikbeflissene. Die Modistin. Die Touristin. Die Zimmervermietherin.

— Eleg. geh. Mk. 1,50. —

O diese Künstler!
Heitere und ernste Episoden
aus der Bühnen-, Musik- und Malerwelt.

Erzählt von
Joseph Lewinsky.
Mit einem Vorwort von Julius Stettenheim.

Eleg. geh. Mk. 1,50.

Berliner
Zigeunerleben.
Bilder aus der Welt der Schriftsteller, Künstler und des Proletariats.
Von
Hans R. Fischer.
Eleg. geh. Mk. 1,50.

Druck von L. Klarbaum, Berlin SO., Reichenbergerstraße 154.